márcia fráguas

IT'S A LONG WAY

o exílio em caetano veloso

Garota FM BOOKS

Copyright © 2024 Márcia Fráguas
Edição Garota FM Books
www.garotafm.com.br | contato@garotafm.com.br

Todos os direitos reservados e protegidos pela Lei 9.610 de 19.2.1998. É proibida a reprodução total ou parcial deste livro através de meio eletrônico, fotocópia, gravação e outros sem a prévia autorização da editora. Todo o conteúdo é de responsabilidade da autora.

Direção editorial: Chris Fuscaldo
Revisão ortográfica: Maíra Contrucci Jamel
Capa: Renan Valadares
Diagramação: Lionel Mota

Este trabalho é uma adaptação da dissertação apresentada ao Programa de Pós-Graduação em Literatura Brasileira da Faculdade de Filosofia, Letras e Ciências Humanas da Universidade de São Paulo como requisito parcial para a obtenção do título de Mestre em Literatura Brasileira.

Dados Internacionais de Catalogação na Publicação (CIP)
(Câmara Brasileira do Livro, SP, Brasil)

Fráguas, Márcia
    It's a long way : o exílio em Caetano Veloso / Márcia Fráguas. -- 1. ed. -- Niterói, RJ : Garota FM Books, 2024.

    Bibliografia.
    ISBN 978-85-85091-06-4

    1. Ditadura - Brasil - História - 1964-1985 2. Música popular brasileira 3. Música popular - Brasil - História 4. Tropicalismo (Movimento musical) 5. Tropicalismo (Música) - Brasil 6. Veloso, Caetano, 1942- - Crítica e interpretação I. Título.

24-235218   CDD-781.630981

Índices para catálogo sistemático:

1. Música popular brasileira : História e crítica
        781.630981

Aline Graziele Benitez - Bibliotecária - CRB-1/3129

MÁRCIA FRÁGUAS

IT'S A LONG WAY

O Exílio em Caetano Veloso

1ª edição
Niterói (RJ)
2024

Garota FM BOOKS

IT'S A LONG WAY

NAS REDES

Acesse a página do livro para ter mais informações e notícias referentes ao conteúdo. Use o código acima ou visite www.garotafm.com.br

Todos os esforços foram feitos para entregarmos o conteúdo mais correto possível. Correções poderão ser publicadas na página do livro, no site da editora. Sugestões, favor entrar em contato através do e-mail contato@garotafm.com.br

Para Dharla, Belbel
e para o meu pai,
Ricardo Fráguas Neto
(in memoriam)

À memória de Santuza
Cambraia Naves

AGRADECIMENTOS

Gostaria de agradecer à Coordenação de Aperfeiçoamento de Pessoal de Nível Superior (CAPES) pela bolsa de pesquisa concedida, sem a qual esse trabalho não poderia ter sido realizado, e ao Programa de Pós-Graduação em Literatura Brasileira da Faculdade de Filosofia, Letras e Ciências Humanas e do Departamento de Letras Clássicas e Vernáculas da Universidade de São Paulo. Ao meu orientador, Ivan Francisco Marques, à Viviana Bosi e à Sheyla Diniz, preciosas interlocutoras ao longo da pesquisa. Um agradecimento especial a Leonardo Davino de Oliveira, mestre, parceiro e interlocutor para uma vida inteira. Um dos encontros mais felizes e generosos que já me aconteceu.

Agradeço a Caetano Veloso, Paula Lavigne e Andrezza Nicolau, da Uns Produções, pela gentileza, confiança, generosidade e disponibilidade com que me atenderam. E a André Resende, que intermediou o contato.

Aos amigos Vinícius Bisterço e Milena Natividade, irmãos com que a graduação em História na USP me presenteou e que foram fundamentais no percurso que produziu esse livro.

Ao Ricardo Arruda, amigo e mais constante interlocutor na fase pandêmica, que me acolhe sempre com sua escuta generosa e com debates acalorados. Todo o meu respeito e minha admiração

À minha família, em especial ao meu irmão Ricardo Luiz, pelo apoio sem o qual nada disso teria sido possível, e à minha família espiritual no Asé Ylê do Hozoouane, onde Tata Luiz Antonio Katulemburange Amorim zela por mim.

A pesquisa que deu origem a este livro foi realizada em um contexto adverso, durante um ano e meio de isolamento social devido à pandemia, sem a presença dos colegas e a possibilidade de acessar as bibliotecas da universidade, o que tornou o processo mais difícil. A instabilidade da vida cotidiana no Brasil da pandemia, que insistiu em espelhar muito do que é abordado aqui, também foi outro fator de desgaste emocional ao longo do processo de escrita. Contudo, gostaria de reiterar meu agradecimento a Caetano Veloso, que me ensinou que coisas bonitas e potentes podem nascer dos contextos mais adversos. Ele me escreveu durante a pesquisa: "Essa luz que se afirma na soltura do prisioneiro é nosso sinal. Isso significa deixar brilharem os orixás africanos, as palavras do Sermão da Montanha, a divinização sem deus do budismo, o amor livre. Um jeito de corpo que o Brasil deve poder dar". Que assim seja.

SUMÁRIO

Agradecimentos 8

Prefácio
A "Tropical Melancolia" vista de dentro 15

Introdução
1969 - Cinquenta anos depois 23

Capítulo 1
THE EMPTY BOAT: a experiência da prisão
e do exílio iminente em *Caetano Veloso* (1969) 37

Capítulo 2
LONDON, LONDON: em busca de discos
voadores no céu de *Caetano Veloso* (1971) 77

Capítulo 3
IT'S A LONG WAY: o longo caminho de volta
ao Brasil em *Transa* (1972) 133

The End 183

You don't know me at all
Entrevista com Caetano Veloso 187

Bibliografia 207

Discografia 218

Fontes audiovisuais 219

Podcasts 219

Apoio Cultural 220

> *Woke up this morning*
> *Singing an old Beatles song*
> *We're not that strong, my Lord*
> *You know we ain't that strong*
> *I hear my voice among others*
> *In the break of day*
> *Hey, brothers*
> *Say, brothers*
> *It's a long, long, long, long way*
>
> Caetano Veloso, 1971, faixa 1, lado B.

Em música popular, na forma da canção, não há uma maior importância seja da letra, ou seja, da música. Importante é o que resulta da relação da letra com a música. E da maneira como essa letra e essa música são cantadas.

> Caetano Veloso, 1971, p.5.

> *You don't know me*
> *Bet you'll never get to know me*
> *You don't know me at all*
>
> Caetano Veloso, 1971, faixa 1, Lado A.

As minhas letras são todas autobiográficas. Até as que não são, são.

> Caetano Veloso, 2003, p. 9.

PREFÁCIO

A "Tropical Melancolia" vista de dentro

por Leonardo Davino de Oliveira

It's a Long Way: O Exílio em Caetano Veloso é livro que traduz os procedimentos usados pelo tropicalista cantor da "alegria, alegria" nacional para verter em canção um dos momentos mais trágicos do Brasil, seja no plano individual, seja na projeção coletiva. Isso não é pouco! Tratando de tema tão delicado, há o risco de cair no psicologismo que interdita a leitura crítica. Longe disso, com trabalho de pesquisa irretocável, Márcia Fráguas ilumina o tema para quem queira pensar a obra de Caetano e o estado de coisas do país sob o regime militar.

No conjunto das canções que tratam da língua e da linguagem turvadas pelo exílio londrino forçado, pela distância das coisas do seu país, Caetano Veloso revela a "tropical melancolia". Daí porque o "em" do título do livro ter importância. Márcia ensaia com e demonstra como o trauma anima as vozes das canções compondo um coro de certa juventude brasileira na virada da década de 1960 para 1970. Dito de outro modo, ao meditar sobre a poética do exílio em três álbuns – *Caetano Veloso* (1969), *Caetano Veloso* (1971) e *Transa* (1972) –, a autora demonstra que a ambiguidade dos afetos, a competência com que escapa das vias normatizadas e o desejo de viver à deriva são dispositivos estéticos e biografemas indispensáveis para a compreensão da obra do cancionista e do Brasil.

Além da peleja que a expressão "It's a long way" (título de canção do disco *Transa*) condensa, projetando os sujeitos cancionais nostálgicos à espera da manhã solar, a certeza de que "We're not that strong" é definidora dessa voz poética que canta se ouvindo diluir-se entre outras vozes. "Hoje quando eu acordei eu dei de cara com a coisa mais feia que já vi na minha vida. Essa coisa era a minha própria cara. (...) Mas eu agora quero dizer aquele abraço a quem quer que tenha querido me aniquilar porque o conseguiu. Gilberto Gil e eu enviamos de Londres aquele abraço para esses caras. Não muito merecido porque agora sabemos que não era tão difícil assim nos aniquilar. Mas virão outros. Nós estamos mortos. Ele [Marighella] está mais vivo do que nós", escreveu Caetano de Londres para *O Pasquim*, no final de 1969. Nem o consolo de "an old, old Beatles song" faz mais sentido algum: "You'll realize pretty soon / That's all that you care / Isn't worth a twelve bar tune" ("Você vai perceber em breve / Que tudo com o que se importa / Não vale doze compassos"), ouvimos em "Nostalgia", derradeira canção de *Transa*.

Para Caetano, "Em música popular, na forma da canção, não há uma maior importância seja da letra ou seja da música. Importante é o que resulta da relação da letra com a música. E da maneira como essa letra e essa música são cantadas". Fráguas acessa essa "maneira" singular de sujeitos cancionais dizerem em inglês "From the stern to the bow / Oh, my boat is empty / Yes, my heart is empty / From the role to the low", "I'm lost in my old own green light", "I'm as sure of the past as / I'm certain about tomorrow", "alone in that same night / I cried and cried again"[1]; e afirmarem e perguntarem em português, citando letra de Paulo Diniz ("Quero Voltar pra Bahia", 1970), "Eu não vim aqui para ser feliz / Cadê o meu sol dourado? / Cadê as coisas do meu país?", no disco de 1971.

Essas "coisas" aparecem na profusão de significantes afro-negro-brasileiros de "Triste Bahia", outra canção do disco *Transa* em que Caetano devora e reinventa o *ethos* colonial do poeta Gregório de Matos, instaurando o que

---

[1] Da popa à proa / Oh, meu barco está vazio / Do vazio ao como / Estou perdido no meu velho sinal verde / Eu tenho tanta certeza a respeito do passado / Quanto tenho do futuro / Sozinho naquela mesma noite / Chorei e chorei novamente.

é a alegre Bahia: "a Bahia é uma coisa na minha cabeça, mas o tempo que se está vivendo no Brasil, hoje, é outra coisa, está entendendo? Mudou tudo. Gostaria de viver na Bahia, mas não posso, acabou", responde do exílio ao jornal *O Pasquim*, em outubro de 1969.

Citar, ou seja, compor e cantar canções que cantam canções é "maneira" fundamental da poética de Caetano Veloso que Márcia Fráguas decupa e ilumina filigrana por filigrana. "Fui fazendo 'A Little More Blue', 'London, London', 'Maria Bethânia' etc. como faço a maioria das minhas canções em português: achando pedaços de frases cantadas e desenvolvendo a melodia antes de completar a letra", diz Caetano na entrevista concedida com exclusividade para Márcia, pesquisadora atenta aos "pedaços de frases" em rotação nos três discos. Ela aciona e maneja uma constelação de significantes a fim de reapresentar com olhos e ouvidos livres as metáforas náuticas e os temas noturnos dos três discos.

Márcia destaca também a importância dos "arranjos do maestro Rogério Duprat, inseridos, portanto, posteriormente às gravações, e que contribuem de maneira significativa na composição de climas que oscilam entre a melancolia nostálgica e a festividade paródica do Tropicalismo". Caetano sempre reforça que é, sobretudo, ouvinte de canção: "Quase não tínhamos livros em casa", canta. É esse procedimento imanente da sua lírica que o livro generosamente organiza para o leitor de hoje perceber o trabalho de arte e a permanência de núcleos temáticos duros da cultura brasileira. Márcia interpreta que "a circularidade dos versos, a marcação das palavras 'morte/norte/sorte' como equivalentes, remete à canção para outra imagem de representação do destino, a Roda da Fortuna, um dos arcanos maiores do *tarot* que versa exatamente sobre a impermanência e a inexatidão dos rumos do destino".

"I wish to know things are getting better", canta Caetano em/para "Maria Bethânia". Na análise dessa canção, Márcia sugere o pacto fáustico do cantor popular: "sua performance vocal se assemelha à mesma executada em 'Asa Branca', ao emular uma sonoridade nordestina, na qual a voz é, simultaneamente, canto e instrumento, sugerindo um mascar de sílabas", escreve a autora. Na entrevista à Márcia, Caetano diz que a "sensação de estar na cápsula da língua lançado fora do mundo é a essência do exílio. Eu me lembro de o assunto 'disco voador' ser muito frequente no Brasil, em muitas conversas, na imprensa, em meio a amigos contraculturais ou sebastianistas – e totalmente ausente em Londres. Entre os ingleses, digo. Esse procurar discos voadores nos céus era querer estar no Brasil. Eu nem gostava de disco voador, nem de coisas que falassem do que não é desta Terra. Mas a terra era o Brasil. Em Londres eu me sentia em outro planeta".

Márcia analisa essa estetização da experiência do Narciso em férias e ao mesmo tempo submerso na sociedade do espetáculo. Para a pesquisadora, "no disco de 1969, analisado no primeiro capítulo, os temas da prisão e do exílio não aparecem de maneira explícita, mas seus efeitos podem ser compreendidos na análise do conjunto das canções inéditas que compõem a obra. Nos segundo e terceiro capítulos, as análises do disco de 1971, o primeiro gravado em Londres, e *Transa*, ilustram de que modo a elaboração das experiências de prisão e exílio as articula como momentos de luto intenso e, também, de renovação de perspectivas, inclusive estéticas".

É função da crítica reapresentar como novidade aquilo para o qual estamos surdos de tanto ouvir. Ao final da leitura do livro de Márcia Fráguas fica evidente que não podemos mais escutar esses discos do mesmo modo. Por exemplo, como ouvir *Transa* e não tentar perceber que "as canções têm grande fluidez. O olhar, antes retrospectivo, no disco anterior, se fixa no agora – 'You don't know me', 'Woke up this morning singing an old Beatles song, we're not that strong', 'I'm alive' – com todos os verbos no presente?" Essas e outras sutilezas da voz, da letra e da melodia só podem ser percebidas por quem sabe do que fala. E a autora do livro *It's a Long Way: O Exílio em Caetano Veloso* sabe e conclui: "as canções analisadas delineiam uma poética do exílio que apresenta movimentos por vezes antagônicos, entre o som e silêncio, a alegria por estar vivo e o luto pela ausência".

Dialogando com autores especializados, Márcia ilumina por dentro, e de modo singular, a especificidade da experiência do exílio em Caetano Veloso. Por tudo que isso importa à compreensão de Brasil, cabe dizer que esse livro é o resultado de trabalho, foco e fé de quem devota rigor e vigor ao que faz. Tive o prazer de compor a banca de mestrado em que Márcia Fráguas defendeu a dissertação, ora vertida em livro de leitura fluente. O prazer se renova desde então ter me tornado parceiro no crescimento intelectual recíproco de pesquisadora tão cuidadosa, sensível e talentosa.

INTRODUÇÃO

1969 – CINQUENTA ANOS DEPOIS

Many people here say they are planning to live abroad if the captain wins. I never wanted to live in any country other than Brazil. And I don't want to now. I was forced into exile once. It won't happen again. I want my music, my presence, to be a permanent resistance to whatever anti-democratic feature may come out of a probable Bolsonaro government.[2]

Caetano Veloso, 2018, s/p.

Em artigo escrito para o *The New York Times*, na véspera do segundo turno das eleições presidenciais brasileiras de 2018 e republicado no dia seguinte, domingo do pleito, no jornal *Folha de S.Paulo*, Caetano Veloso evoca a permanência de acontecimentos passados no ano de 1969, que esta-

---

2 VELOSO, Caetano. "Dark times are coming for my country". *The New York Times*, 24 de outubro de 2018.
No dia seguinte, o artigo foi publicado no jornal *Folha de S.Paulo*, sob o título "Tempos sombrios se aproximam para meu país: No final dos anos 1960, a ditadura militar prendeu e encarcerou muitos artistas e intelectuais. Eu fui um deles. Os militaristas estão de volta". Tradução da epígrafe: "Muitas pessoas aqui dizem que pretendem ir viver no exterior se o capitão vencer a eleição. Eu nunca quis viver em nenhum outro país senão o Brasil. E não quero agora. Fui forçado a viver no exílio uma vez. Isso não vai voltar a acontecer. Quero que minha música, minha presença, seja uma resistência permanente a qualquer traço antidemocrático que possa sair de um provável governo Bolsonaro".

vam a rondar a vida política brasileira, como um espectro vivo, muito vivo. O trecho destacado na epígrafe desta introdução é o último parágrafo de seu texto e condensa diversas implicações que acabariam por se tornar realidade com a vitória do capitão e seu governo civil apinhado de generais. De fato, inúmeras pessoas – de intelectuais e políticos ao cidadão comum – deixaram o país, errando cegos pelo continente e para além dele, distantes de uma terra na qual não mais se reconheciam, como na antiga canção de Chico Buarque "Vai Passar".

Caetano Veloso, no entanto, cumpre a promessa descrita no texto, fazendo de sua música, seu discurso e sua ação uma oposição às crescentes investidas antidemocráticas do governo eleito em 2018, além de reafirmar constantemente sua crença em um futuro à altura do Brasil. De 2017 a 2020, foi colunista colaborador no canal *Mídia Ninja* do *YouTube*, tendo entrevistado personalidades como Roger Waters, ex-líder da banda inglesa de rock Pink Floyd, durante sua ruidosa passagem pelo país no período pré-eleitoral; também o teórico português Boaventura de Sousa Santos; e o historiador Jones Manoel – que o fez repensar sua simpatia pelo liberalismo –; além do pastor progressista Henrique Vieira; os músicos baianos Baco Exu do Blues e Russo Passapusso; o filósofo Mangabeira Unger; dentre outros.

O ano de 2020 trouxe ao Brasil a pandemia da covid-19

e a reclusão de músicos e artistas, impedidos de se apresentarem em shows presenciais. Devido a isso, a partir de março, iniciou-se um fenômeno de profusão de *lives*, apresentações ao vivo transmitidas pela internet, sem plateia presencial, um meio encontrado pelos artistas de se manter em contato com o público. A princípio, Caetano Veloso se manteve reticente em se apresentar nesse novo formato, mas Paula Lavigne (esposa e empresária do compositor) abastecia as redes sociais diariamente com pequenos vídeos domésticos nos quais tentava convencer Caetano a se apresentar.

Finalmente, em 5 de junho, no Dia Mundial do Meio Ambiente, o cantor participou de uma conversa com o jornalista André Trigueiro, entremeando o diálogo com algumas canções acompanhadas do violão. A tão esperada *live* aconteceu no dia 7 de agosto, aniversário de 78 anos do compositor, e foi acompanhada de seus três filhos. Houve, ainda, mais uma transmissão, por ocasião do Natal de 2020. Em todas as apresentações, Caetano Veloso comentou a situação política do país, relembrou os anos tropicalistas e mencionou o exílio. No entanto, essas aparições foram modestas diante do ciclo de entrevistas iniciado no dia 4 de setembro de 2020, com a participação no programa *CONVERSA com Bial*, transmitido pela Rede Globo de Televisão, por ocasião do lançamento do documentário *Narciso em Férias*, dirigido por Renato Terra e Ricardo Calil, exibido no dia 7 de setembro no Festival de Veneza e, em seguida, na plataforma de *streaming* Globoplay, aproveitando o simbolismo da data. No documentário, Caetano Veloso expôs pela primeira vez de viva voz um testemunho sobre a experiência da prisão em dezembro de 1968, logo após o Ato Institucional nº 5 ter sido decretado pela ditadura comandada pelo general Costa e Silva.

A ideia do filme partiu do antigo desejo de Caetano de publicar em separata o capítulo "Narciso em férias", incluído em sua obra de cunho memorialístico *Verdade Tropical* (1997). Em 2017, quando completou 20 anos de lançamento, *Verdade Tropical* recebeu uma nova edição revista e ampliada, contendo um prefácio em que Caetano Veloso cita a crítica feita pela dançarina Maria Esther Stockler, para quem "o único capítulo que diz tudo é o capítulo sobre a prisão" (VELOSO, 2017, p. 45), a fim de aconselhar seus jovens leitores:

> Se quem está me lendo é uma ou um jovem que vê esse livro pela primeira vez, aconselho que, assim como veio a este parágrafo, vá direto ao capítulo intitulado "Narciso em férias". Ele poderia ser um livro independente. Nele há tudo o que no resto do livro aparece em tom de ensaio

[...]. Então, já que não o temos ainda em separata, cara jovem, leia-o como se fosse um livro menos longo e melhor que este (ibid., p. 44,45).

A edição de *Narciso em Férias*, lançada em 2020, inclui trechos fac-símiles da descoberta do historiador Lucas Pedretti, que encontrou no Arquivo Nacional o dossiê dos militares sobre o compositor, vigiado pelos agentes da ditadura desde 1966, utilizado no processo que culminou na sua prisão. No documentário homônimo, Caetano Veloso lê alguns trechos de seu interrogatório e se diverte com algumas classificações de sua música feitas pelos militares, caracterizando-o como "um cantor de música de protesto de cunho subversivo e desvirilizante"[3]. Além do livro e do filme, um *podcast* foi lançado nos principais tocadores de *streaming*, com comentários de Caetano Veloso a respeito das canções que foram marcantes durante a experiência do compositor no cárcere, além de sua gravação de "Hey Jude", dos Beatles, feita especialmente para o lançamento do documentário. Perguntado sobre qual foi o peso político na decisão de falar sobre a prisão num documentário que havia sido gravado às vésperas do primeiro turno das eleições de 2018, Caetano responde: "Na decisão não

---

[3] *Narciso em Férias*. Direção de Renato Terra e Ricardo Calil. Rio de Janeiro: Globo Filmes, 2020. 1 DVD, 84 min.

teve propriamente um peso grande, mas a coincidência do estado político em que estamos no Brasil é significativa e eu acho que é como se fosse assim uma *conversa oportuna*" (grifo nosso)[4].

Uma poética do exílio no pós-Tropicalismo

Buscar uma poética do exílio nas obras estudadas é investigar como se dá a articulação entre as dimensões individual e coletiva na tessitura das canções escritas em circunstâncias de medo, isolamento, perplexidade melancólica e enfrentamento de ausências e perdas impostas pela prisão e consequente exílio, além da adaptação forçada a um novo país, a uma nova língua e a uma cultura bastante distinta. Em diversos momentos, o que emerge do *corpus* aponta para o que José Miguel Wisnik escreveu a respeito dos artistas que viveram o fim de 1968 como um trauma:

> Sua música contém um comentário disto, e, afinal, congratula-se com o fato de ser ela mesma uma força, uma fonte de poder, o de extrair de seus próprios recursos

---
4   CONVERSA com Bial. 3ª temporada, em 04 set.2020. Apresentação: Pedro Bial. Direção: Maria Pia Baffa, Gian Carlo Bellotti, Mônica Almeida. São Paulo: Rede Globo de Televisão.

uma capacidade de resistência. Poderíamos dizer que essa música comporta mais do que uma resistência: algo como um resgate (WISNIK, 2004, p.183).

Contudo, Wisnik ressalta uma questão fundamental para os estudos no campo da canção popular brasileira. Dentre as inúmeras dificuldades de abordagem desse objeto, há o fato de que a música não é, nesse caso, mero suporte de verdades a serem ditas pela letra (WISNIK, 2004, p. 174). Desprezar a articulação letra-música na análise desses objetos é desconsiderar a criticidade que a canção comporta. Wisnik ainda sublinha que, por ser oriunda da cultura popular não letrada, a canção dialoga com a poesia e acontece no âmbito da indústria cultural, estando, portanto, descomprometida de quaisquer ideais de pureza estética, por se deixar permear por diferentes sistemas culturais sem se restringir a nenhum deles. Sendo um sistema poroso, passa por seus momentos de síntese crítica, a exemplo do Tropicalismo, destacado por esse autor como a captação da "vertiginosa espiral descendente do impasse institucional que levaria ao AI-5" (WISNIK, 2004, p. 181).

De fato, se compreendermos o Tropicalismo como um momento, em vez de um movimento, como propõe Flora Süssekind, a partir das ideias de Renato Poggioli e Marjorie Perloff ao pensarem a arte das vanguardas, é possível perceber que os anos de 1967 e 1968 foram o momento em que a produção cultural brasileira teve intensa convergência e contaminação mútua, num esforço de ruptura e tomada de posição (SÜSSEKIND, 2007, p. 31). O *Esquema Geral da Nova Objetividade*, manifesto escrito por Hélio Oiticica, publicado no catálogo da exposição *Nova objetividade brasileira*, em 1967, a radicalização da linguagem do Teatro Oficina de José Celso Martinez Corrêa, o cinema de Glauber Rocha e os textos de Torquato Neto em sua coluna no *Jornal dos Sports* são alguns exemplos dessa reflexão artística que buscava um tensionamento formal. Em 1967, Gilberto Gil já chamava a atenção, declarando que "é necessária a imediata institucionalização de um novo movimento da música brasileira, a exemplo do que foi feito na Bossa Nova" (ibid., p. 32).

Um passado que não cessa de retornar no presente

Jaime Ginzburg observa que o autoritarismo e a violência estão na base do processo de formação histórica do Brasil. Logo, é pertinente questionar qual é o papel desses elementos nas concepções estéticas surgidas na cultura brasileira. Em seu livro *Crítica em Tempos de Violência*, ao descrever a violência constitutiva como tributária do escravismo, da tradição patriarcal e de regimes essencialmente autoritários, como duas ditaduras no século XX, a de Vargas e a dos militares, Ginzburg ressalta a importância de se colocar em constante debate a memória construída socialmente. No Brasil, opera-se uma política do esquecimento, que só reforça aspectos desse autoritarismo constitutivo no presente:

> Embora tenhamos formalmente deixado os regimes ditatoriais, uma série de condutas, correntes ideológicas, padrões comportamentais e valores morais consolidados dentro desses regimes se desdobraram e difundiram, atingindo a sociedade brasileira até o presente momento. Ocorreram mudanças, mas estas não são suficientes para eliminar as fantasmagorias e seus resíduos, que constantemente reaparecem (GINZBURG, 2012, p. 221).

Pois são fantasmagorias desse tipo que estão presentes na epígrafe da introdução deste trabalho. Estão ali sublinhados os militares na figura do capitão, o exílio do compositor, que jamais quis morar fora de seu país, a prefiguração de outras dispersões que estavam por vir, a necessidade constante de reafirmar a luta por direitos e pela democracia em um país que mantém um compromisso frágil com o acerto de contas com o próprio passado. Ainda, Caetano relata que foi na cela de uma cadeia que ele passou a ter "uma medida da exclusão dos pobres e dos descendentes de escravos que a mera estatística nunca me daria" (VELOSO, 2020, p. 79).

O historiador Marcos Napolitano explica como o processo de abertura política no Brasil apresentou particularidades que contribuíram para que se enfraquecessem as demandas por justiça diante dos abusos cometidos pela ditadura militar contra os direitos humanos e as liberdades civis:

> A transição brasileira foi longa, tutelada por militares, com grande controle sobre o sistema político, apesar do desgaste de anos ocupando o poder do Estado. Foi altamente institucionalizada na forma de leis e salvaguardas. Foi negociada, ainda que as partes fossem assimétricas, posto que os civis liberais e moderados foram ganhando espaço paulatino no sistema político até voltarem ao Poder Executivo federal em 1985. Além do mais, a hegemonia liberal e moderada, nesse processo, neutralizou as demandas por justiça da esquerda atingida diretamente pela repressão (NAPOLITANO, 2015, p. 323).

Essa memória essencialmente liberal, construída sobre a ditadura e sua anistia "ampla, geral e irrestrita", produziu consequências graves que nem mesmo a Comissão da Verdade instaurada pelo governo Dilma Rousseff conseguiu sanar. Os crimes da ditadura não só não foram punidos, mas criou-se, ao longo da segunda década do século XXI, no terreno das disputas de narrativas sobre a memória da ditadura militar, a ideia da legitimidade da tortura, da prisão e da morte daqueles que se insurgiram contra o regime. Por isso, Jeanne Marie Gagnebin afirma que há, de fato, uma política de esquecimento no Brasil sobre a ditadura militar, cujo sintoma principal seria uma lei de anistia feita para "reconciliar a família brasileira" e que nunca foi abolida, mas teve sua validade ratificada pelo Supremo Tribunal Federal (GAGNEBIN, 2014, p. 253-254). Os responsáveis pelas mortes e pelas torturas jamais foram culpabilizados ou punidos, as vítimas são tratadas como exceção e criou-se a ideia de uma "ditabranda":

> Conclusão: a ditadura brasileira, tantas vezes celebrada como ditadura suave (tal qual no infame jogo de palavras entre "ditadura" e "ditabranda"), porque não assassinou um número tão grande de vítimas como seus ilustres vizinhos, não é somente objeto de uma violenta coerção ao esquecimento, mas também é um regime que se perpetua, que dura e contamina o presente (ibid., p. 255).

Para Gagnebin, o resultado disso é um passado que não

cessa de retornar no presente, posto que não foi realmente elaborado e que vem acompanhado de uma memória pervertida que só faz perpetuar a violência. Daí a necessidade de pensar formas de luta contra tamanho esquecimento. Nesse sentido, compreender como essas questões se articulam a concepções estéticas na cultura brasileira é de suma importância para clarear a memória coletiva.

Ao refletir sobre a produção artística que tem o exílio como contexto de criação, Paloma Vidal, em *A História em Seus Restos: Literatura e Exílio no Cone Sul* (2004), estabelece esquematicamente que o exílio produz três tipos de obra:

> 1) Aquelas em que o exílio é o tema central; 2) aquelas que se ocupam da realidade atual ou histórica da pátria do autor; 3) aquelas em que nem o tema do exílio, nem a realidade da pátria aparecem explicitamente (VIDAL, 2004, p. 17).

Nos álbuns de Caetano Veloso abordados nesta pesquisa, há variação das categorias estabelecidas por Vidal. No disco de 1969, analisado no primeiro capítulo, os temas da prisão e do exílio não aparecem de maneira explícita, mas seus efeitos podem ser compreendidos na análise do conjunto das canções inéditas que compõem a obra. No segundo e terceiro capítulos, as análises do disco de 1971, o primeiro gravado em Londres, e *Transa* (1972) ilustram de que modo a elaboração das experiências de prisão e exílio as articula como momentos de luto intenso e, também, de renovação de perspectivas, inclusive estéticas. Afinal, foi em Londres que Caetano passou a se sentir seguro para tocar violão em seus discos, além de conceber *Transa* centrado em seu modo de tocar.

Em entrevista concedida à Associação Nacional dos Procuradores da República (ANPR)[5], Caetano Veloso menciona Marcel Proust, ao dizer que o tempo é um tema em *Verdade Tropical*, até mesmo como matéria-prima. Muitas vezes, a *madeleine* da prisão e do exílio foram as canções, como veremos ao longo da pesquisa. Por fim, o compositor gentilmente nos concedeu uma entrevista por *e-mail*, já na fase final do processo de escrita. O objetivo desta pesquisa é dar uma contribuição à "conversa oportuna" que Caetano nos convidou a ter sobre os espectros de ontem que ainda insistem em rondar a vida brasileira no início da terceira década do século XXI.

---

5   ANPR Debate: Democracia e liberdade de expressão, com Caetano Veloso. Canal oficial de Caetano Veloso.

CAPÍTULO 1

THE EMPTY BOAT: a experiência da prisão e do exílio iminente em *Caetano Veloso* (1969)

"Narciso em férias"

Após o lançamento de *Tropicália ou Panis et Circencis* em agosto de 1968, os tropicalistas se engajaram em aparições caracterizadas pela ousadia visual e performática. Dois eventos marcaram o ápice dessas intervenções, que resultariam na prisão de Gilberto Gil e Caetano Veloso. O primeiro deles foi a temporada de *shows* na Boate Sucata, no Rio de Janeiro (RJ), durante as duas primeiras semanas de outubro de 1968, que acabou interditada judicialmente depois de Caetano Veloso ter sido acusado de ter cantado o "Hino Nacional" "em ritmo de Tropicália" numa das apresentações (VELOSO, 2020, p. 139). Além disso, o uso do estandarte de Hélio Oiticica "Seja Marginal, Seja Herói", um poema-bandeira dedicado a Alcir Figueira da Silva, que após assaltar um banco e perceber que seria alcançado pela polícia, jogou fora o roubo e tirou a própria vida.

José Carlos Oliveira, cronista do *Jornal do Brasil*, assistiu ao show e descreve o clima do espetáculo:

> Quem quiser saber o que é liberdade tem que ir à Boate Sucata. Ali, toda noite, acontece um *happening*. Alegria, alegria. Muita gente, inclusive algumas pessoas que têm ido à Sucata, demonstra fúria: "é que se trata de um *show* alienado". Ora, bolas! Deus nos dê doses cavalares dessa alienação.[6]

Randal Juliano, radialista pouco afeito aos tropicalistas e apresentador do programa *Guerra É Guerra* na TV Record, reforçou as acusações sobre o uso do "Hino Nacional" no show. Sobre esses eventos, Caetano Veloso replicou de maneira provocativa:

> Os militares devem lembrar-se de que o "Hino Nacional" não é um hino de guerra, nem uma canção militar, mas uma marcha civil, feita para civis e que pode ser cantado em qualquer lugar [...]. Nós estamos fazendo um *show*

---

[6] A citação de Carlinhos Oliveira foi feita por Pedro Bial durante a entrevista de lançamento do documentário *Narciso em Férias*. CONVERSA com Bial. 3ª temporada, em 4 set.2020. Apresentação: Pedro Bial. Direção: Maria Pia Baffa, Gian Carlo Bellotti, Mônica Almeida. São Paulo: Rede Globo de Televisão. No mesmo programa, Caetano Veloso classifica como *fake news* a acusação de Randal Juliano e conta que a prisão foi motivada pelo mal-estar que a notícia falsa tinha causado na Academia Militar das Agulhas Negras, que exigiu uma resposta do regime.

na Sucata e nesse *show* acontecem muitas coisas, mas uma coisa que não aconteceu foi o "Hino Nacional". Não cantei o "Hino Nacional". Aliás, a última vez que cantei o "Hino Nacional" foi na Passeata dos Cem Mil. Prefiro músicas líricas a hinos patrióticos (CALADO, 1997, p. 232).

Três dias depois, em entrevista à coluna de Nelson Motta, o compositor acrescentaria:

> O importante é que não abri concessões à repressão e assim vou continuar agindo, sem pensar onde possa parar ou em minha carreira. E é exatamente por isso que somos tão perseguidos, porque somos incômodos de verdade. Não nos limitamos ao blá-blá-blá. Somos a própria revolução encarnada (ibid., p. 233).

Durante essa temporada de *shows*, Guilherme Araújo, então empresário de Gil e Caetano, conseguiu fechar contrato para um programa na TV Tupi. Assim, foi ao ar, às 21 horas de 28 de outubro de 1968, a primeira edição de *Divino, Maravilhoso*, no qual os tropicalistas executavam *happenings* e apresentavam suas canções de maneira transgressoramente cênica.

O segundo evento de confrontação, que culminou na prisão de Gilberto Gil e Caetano Veloso, ocorreu na edição do programa de 23 de dezembro, às vésperas do Natal de 1968, quando Caetano Veloso cantou "Boas Festas", de Assis Valente, apontando um revólver para a própria cabeça, inspirado no filme de Glauber Rocha, *Terra em Transe*, lançado no ano anterior. Christopher Dunn, em *Brutalidade Jardim*, informa que, mesmo com todas as precauções tomadas pela TV Tupi, a fim de evitar problemas com os censores, o público que morava no interior do país escrevia cartas de protesto pedindo o cancelamento de *Divino, Maravilhoso* (DUNN, 2009, p. 171). O programa era gravado em fita, mas nem as tentativas de suavizar a imagem na edição reduziram o impacto da cena.[7] Sobre isso, Caetano comentou: "Fiquei orgulhoso porque considerei que ali havia densidade poética, mas intimamente arrependido por crer ter, talvez, – mais uma vez – ido longe demais. No dia 27 de dezembro, Gil e eu fomos presos" (VELOSO, 2017, p. 345).

De fato, naquela fatídica manhã, com o AI-5 decretado em 13 de dezembro de 1968, Caetano Veloso teria despertado de sonhos intranquilos, se ao menos tivesse dormi-

---

[7] Carlos Calado relata o episódio em *Tropicália: A História de uma Revolução Musical*: "Por causa de provocações desse tipo, não era à toa que, logo nas primeiras semanas, já se comentava que o *Divino, Maravilhoso* tinha seus dias contados. Além do ibope não ser dos maiores, o auditório da TV Tupi era frequentado por policiais à paisana, o que aumentava ainda mais o mal-estar entre os tropicalistas. Principalmente após a decretação do AI-5, o medo aumentou muito entre o elenco e a produção do programa. De algum modo, todos tinham consciência de que, a qualquer momento, poderiam ter problemas com a polícia (Jô Soares chegou a avisar Caetano e Gil que seus nomes faziam parte de uma lista de artistas visados), ou mesmo sofrer um atentado" (CALADO, 1997, p. 251).

do. Nos primeiros parágrafos de *Narciso em Férias*, Caetano tece uma narrativa com contornos proustianos, para evocar a memória dos acontecimentos que precederam o momento em que os agentes da polícia federal bateram à sua porta. Desobedecendo o conselho de seu "mestre", como ele gosta de chamar o artista plástico Rogério Duarte, que dizia que a primeira lição para escrever bem é não imitar Proust[8], o compositor faz emergir uma outra dimensão em sua narrativa, de inspiração mais kafkiana – a do sonho, ou melhor, do pesadelo, de uma realidade que vai se tornando cada vez mais evanescente e incompreensível. Depois de abrir o capítulo com uma longa digressão sobre sua persistente resistência à chegada do sono, Caetano diz ter tido a "impressão de ter experimentado o gosto secreto do destino" (VELOSO, 2020, p. 18) por ter sido abordado pela polícia no momento exato em que poderia ter adormecido. O medo e a apreensão crescentes diante do insólito da situação da prisão injustificada – a rigor, ele estava sendo convidado a prestar esclarecimentos, mas foi informado pouco depois de que deveria levar uma escova de dente – vão aos poucos diluindo qualquer consistência na percepção de Veloso sobre a realidade. Gilberto Gil, que dormia em algum cômodo do apartamento com Sandra Gadelha, no início do

---

[8] ANPR Debate: Democracia e liberdade de expressão, com Caetano Veloso. Canal oficial de Caetano Veloso.

namoro dos dois, é avisado por Dedé, esposa de Caetano, que deveria ir para casa esperar os federais. Caetano descreveu a saída de seu apartamento na Avenida São Luiz, acompanhado dos agentes, nas primeiras horas da manhã:

> A estranheza que causava a visão do centro de São Paulo àquela hora da manhã intensificava a vertigem, e tudo em mim se perguntava o que estávamos fazendo naquela cidade, naquela profissão, naquela vida [...] tudo parecia estar sendo visto de fora e de longe por uma consciência minha muito límpida e muito limitada. Eu como que via tudo com uma clareza exagerada e, no entanto, não era capaz de ir longe em nenhum tipo de encadeamento de ideias (ibid., p. 23-24).

Caetano Veloso e Gilberto Gil foram levados de São Paulo ao Rio de Janeiro para a sede do DOPS – Departamento de Ordem Política e Social, órgão da Polícia Federal –, a fim de prestarem esclarecimentos sobre sua atuação como artistas, além de suas possíveis conexões políticas (DRUMMOND; NOLASCO, 2017, p. 189). Dali, foram transferidos para a sede da Polícia do Exército e, posteriormente, para uma vila militar em Deodoro. O que Caetano relata em *Narciso em Férias* é o horror da primeira semana na prisão, confinado numa solitária; em seguida, a cela dividida com vários presos, dentre eles o ator e diretor Perfeito Fortuna, que, com sua alegria e a prática de conduzir orações coletivas, mantinha o moral dos prisioneiros um pouco mais elevado. Durante esse período, Caetano passa a dormir quase que o tempo todo. Não conseguia chorar ou se masturbar e começa a acreditar que podia controlar a realidade seguindo um intrincado conjunto de rituais obsessivos, que envolviam o significado atribuído a certas canções e até mesmo ao aparecimento de baratas em sua cela.

Das músicas que passaram a compor seu quadro de pensamentos obsessivos, havia dois tipos: as "canções benfazejas", que teriam o poder de anunciar que a hora da soltura estaria próxima, e as que remetiam o compositor às circunstâncias da prisão e, por isso, eram associadas à má sorte. A coda de "Hey Jude", com seus 4 minutos de na--na-na-na significavam para Caetano "o gesto silencioso de aspirar a paisagem da liberdade" (VELOSO, 2020, p. 123), como se tomasse para si o conselho de Lennon & McCartney na canção, "take a sad song and make it better" ("pegue uma canção triste e a melhore").

Curiosamente, algumas das canções de mau agouro versavam sobre espacialidade. "Súplica", de Orlando Silva, contém os versos: "as súplicas morreram em eco, em vão / batendo nas paredes frias do apartamento [...] a fria madrugada amortalhou-me a minha dor / com o manto da garoa". Caetano Veloso os associava ao momento da prisão, no apartamento em São Paulo; mas não deixa de ser sugestivo o fato de que a sua primeira semana na cadeia tenha sido numa solitária minúscula e escura. De modo semelhante, "Assum Preto", de Luiz Gonzaga e Humberto Teixeira, outra canção mencionada por Caetano Veloso no documentário *Narciso em Férias* tematiza a contradição do pássaro que teve os olhos furados para cantar melhor, mas que preferia "mil vezes a sina de uma gaiola / desde que o céu pudesse oiá". De certo modo, isso se conecta à terceira canção que Caetano Veloso associava à sua prisão "Onde o Céu Azul É Mais Azul" na interpretação de Francisco Alves, cujos versos "onde o céu azul é mais azul / e sua cruz de estrelas mostra o Sul / aí se encontra meu país" parece antecipar a dor do isolamento na prisão. Outro sucesso de Francisco Alves, o samba-canção "Súplica", que trazia os versos "fracasso por compreender que devo esquecer / fracasso por que já sei que não esquecerei", representava para Caetano "uma senha para o inferno" (ibid., p. 100), ao ter que cantá-la para um oficial no pátio do quartel do PQD, "sob um sol brutal, com um cano de metralhadora às costas" (ibid., p. 99).

Para o compositor, nesse momento "Narciso estava morto" (ibid., p. 43), sendo oportuno ressaltar que a escolha do título *Narciso em Férias*, retirado de *Este Lado do Pa-*

raíso (*This Side of Paradise*), de F. Scott Fitzgerald, se deve ao fato de que o compositor ficou sem ver o próprio rosto no espelho durante todo o período em que esteve preso, o que, provavelmente, contribuiu para a percepção de que a única realidade existente era a do cárcere. O fato de ter permanecido separado de Gilberto Gil durante todo esse período também pode ter contribuído para isso: "Hoje sei que saí (venho saindo) da prisão como quem sai de um sonho, ao passo que, enquanto preso, eu julgava que Santo Amaro, o Solar da Fossa e a TV Record é que tinham sido um sonho do qual não era possível sair" (ibid., p. 40). Note-se que o parêntese colocado na afirmação remete a outra ponderação, registrada em *Verdade Tropical*: "Rogério (Duarte), como já contei, tinha me feito a observação de que, quando a gente é preso, é preso para sempre, e eu me sentia sob uma sombra pesada" (id., 2017, p. 409).

Na fase final de seu encarceramento, Caetano Veloso foi deslocado do quartel da Polícia do Exército para o PQD – o quartel do Batalhão de Paraquedistas do Exército, onde havia condições melhores. Tinha uma cela para si, mais limpa e arejada, conseguia ouvir rádio e passou a receber visitas de Dedé Gadelha, sua esposa na época. Foi naquele momento que ele começa a ganhar peso e a se reconectar com o próprio corpo. "Irene", a única canção escrita na prisão, é desse período.

Os documentos da ditadura ligados à prisão dos compositores baianos revelam que os shows na Boate Sucata serviram de pretexto para os 54 dias de detenção aos quais foram submetidos. O episódio em que Caetano Veloso é confrontado na prisão por um agente da repressão que dizia ter sido treinado nos EUA e citava as ideias de Sigmund Freud e Herbert Marcuse explicita que, de uma maneira difusa, a ditadura militar captava o poder subversivo do que os tropicalistas vinham fazendo. É bastante significativo que, durante a prisão, Caetano Veloso tenha tido os cabelos cortados como os de um soldado e sua música tenha sido classificada como subversiva e desvirilizante, porque isso demonstra que para o regime, o controle dos corpos e práticas, a fim de manter a moral vigente, fazia parte do ideário do país desejado pelos militares. Em breve, tal visão seria cristalizada no conhecido lema da era Médici "Brasil, ame-o ou deixe-o". De fato, "a somatória de gestos de questionamento e a visível liberalidade nos costumes, estigmatizada pelos trajes e posturas, fixara na figura de Gil e Caetano a alcunha de subversivos" (MIYADA, 2019, p. 200).

Após 54 dias de detenção no quartel, os músicos baianos foram confinados em Salvador, numa prisão domiciliar que durou quatro meses. Nesse período, começam as tratativas de exílio e a negociação para que pudessem realizar um show, que foi registrado no disco *Barra 69*, com vistas a reunir os recursos financeiros para a vida no exílio. Gilberto Gil relata que o show foi ideia do coronel Luiz Arthur, responsável por eles em Salvador. Quando voltaram do Rio de Janeiro, depois de receberem do Exército a notícia de que teriam de deixar o país, o coronel perguntou aos músicos baianos como fariam a viagem, já que estavam impedidos de trabalhar. Foi então que o coronel fez a sugestão, conforme conta Gil: "essa coisa maluca do algoz se colocando no lugar da vítima e coisas do tipo" (ibid., p. 202).

Ainda em maio daquele ano, quando não havia perspectiva de mudança na situação de detidos, "André Midani e Manoel Barenbein, presidente e produtor da Philips, respectivamente, concluíram que a única maneira de ajudá-los seria produzindo novos discos" (CALADO, 1997, p. 256) que seriam, respectivamente: *Caetano Veloso* (1969) e *Gilberto Gil* (1969). Embora a divulgação de suas imagens estivesse proibida, não havia restrição quanto à radiodifusão das músicas de Gil e Caetano.

Gravada ainda no Brasil, a obra ficou conhecida como "o álbum branco do Caetano", em referência ao disco do grupo The Beatles lançado no ano anterior, ambos com suas capas brancas, e teve seu processo de composição marcado pela experiência da prisão do autor. Júlio César Lobo, em seu artigo "Novas canções do exílio: história, poesia e memória do desterro na obra de Caetano Veloso e Gilberto Gil, 1969-1972" (2013), aponta a presença de metáforas náuticas em algumas faixas do disco de 1969 como índice do exílio iminente[9]. Seriam elas "The Empty Boat", a regravação de "Marinheiro Só", samba de roda tradicional do Recôncavo Baiano, e "Os Argonautas". Além dessas canções, as faixas que abrem e fecham o disco, "Irene" e "Alfômega", ambas com a presença marcante de Gilberto Gil, também trazem referências às experiências que os dois músicos estavam enfrentando juntos e que culminaria no show de despedida, transformado posteriormente no LP *Barra 69*, lançado em 1972 pelo selo Pirata, da gravadora Phonogram, idealizado por Nelson Motta com o objetivo de lançar artistas alternativos em discos com valor mais acessível[10].

Particularidades do processo de gravação do disco

Em prisão domiciliar, Gilberto Gil e Caetano Veloso, acompanhados de Dedé e Sandra Gadelha, ficaram confinados numa pequena casa no modesto bairro da Pituba,

---

9 Tais metáforas se conectam ao espírito do *drop out* da época, o desejo de tomar "aquele velho navio" como na letra de Waly Salomão para a canção "Vapor Barato" (1971) feita em parceria com Jards Macalé. Hélio Oiticica e Torquato Neto são exemplos de artistas que partiram do ambiente repressivo da ditadura militar no final dos anos 60, rumo a Europa, em navios cargueiros.
10 O selo também lançou *Para Iluminar a Cidade* de Jorge Mautner (1972).

em Salvador, proibidos de fazer apresentações públicas, gravar entrevistas e exercer seu ofício como músicos. Além disso, deviam se apresentar diariamente ao coronel Luiz Arthur, chefe da Polícia Federal em Salvador, pois não podiam sair da cidade.

Assim, André Midani, diretor da gravadora Philips, enviou a Salvador o diretor de produção Manoel Barenbein, Rogério Duprat, diretor musical, maestro e arranjador dos principais discos tropicalistas, além dos técnicos de som Ary Carvalhaes e João dos Santos (CALADO, 1997, p. 256). Acompanhados de músicos, utilizaram os estúdios J.S. em Salvador para a gravação das bases instrumentais, mas constataram que a precariedade do estúdio havia comprometido a qualidade sonora das gravações. Diante disso, Duprat tomou a inusitada decisão de realizar o disco no processo inverso do que se costuma fazer: Caetano Veloso e Gilberto Gil gravaram somente os vocais em Salvador, acompanhados de seus violões e tendo um metrônomo como guia. Posteriormente, Duprat acrescentou os instrumentos e arranjos, tendo por base os arranjos escritos por Gil no estúdio. Como relatou Caetano Veloso em entrevista concedida especificamente para esta pesquisa:

> Quando gravamos os discos na J.S., em Salvador, não estávamos mais presos e incomunicáveis. Estávamos no que eles

chamavam de "confinamento": não podíamos deixar Salvador e tínhamos de nos apresentar a um coronel, então chefe da PF na Bahia, todos os dias. Isso durou quatro meses. Duprat foi a Salvador e conversamos. Voltou para o Sudeste e lá pôs toda a instrumentação – base e orquestra – num estúdio.

Gravado entre abril e maio de 1969, o álbum contou ainda com a participação de Gilberto Gil nos vocais e violão, Wilson das Neves na bateria, Sérgio Barroso no contrabaixo e Chiquinho de Moraes nos teclados, além de Lanny Gordin nas guitarras[11]. Considerado por Rogério Duprat "o maior guitarrista do Brasil" e pelo crítico Nelson Motta como "a perfeita síntese de Jimi Hendrix e João Gilberto" (MARSIGLIA, 2000, p. 42), Lanny, como era conhecido, figuraria nos principais discos tropicalistas de Caetano Veloso, Gilberto Gil e Gal Costa naquele período, ajudando a formatar uma das principais características do "álbum branco do Caetano", que José Miguel Wisnik classificou como "carnavalização paródica dos gêneros musicais, que se traduz numa densa trama de citações e deslocamento de registros sonoros e poéticos, [que] põe em cena ao mesmo tempo o samba de roda, o cantador nordestino, o bolero urbano, os Beatles e Jimi Hendrix" (2004, p. 217).

---

11   Os mesmos integrantes compõem a banda que gravou *Gilberto Gil* (1969), gravado em condições análogas.

As canções de Caetano Veloso (1969)

Matizado por um tom melancólico, mesmo nas canções aparentemente mais animadas, *Caetano Veloso* (1969) tem lados bastante distintos e, no entanto, complementares. A atmosfera de tristeza e contenção fica evidente na interpretação e na voz de Caetano Veloso, que se apresenta fragilizada e com a respiração curta na emissão das notas.

O lado A é composto pelas canções "Irene", "The Empty Boat", "Marinheiro Só", "Lost in the Paradise", "Atrás do Trio Elétrico", e "Os Argonautas". Nesse conjunto de canções figuram, de modo indireto, a experiência da prisão e do iminente exílio, expressados nos arranjos, no jogo de citações e as letras, pela primeira vez na obra do cantor, em inglês. Além disso, contribuem para a construção de sentido, as melodias e o encadeamento das faixas, que dialogam entre si. Os arranjos do maestro Rogério Duprat, inseridos, portanto, posteriormente às gravações, contribuem de maneira significativa na composição de climas que oscilam entre a melancolia nostálgica e a festividade paródica do Tropicalismo. Ressalta-se ainda o fato de que, nesse lado, estão as três únicas canções inéditas compostas para esse disco, a saber, "Irene", "The Empty Boat" e "Os Argonautas". "Lost in the Paradise" e "Atrás do Trio Elétrico" haviam sido divulgadas mais cedo no mesmo ano, a primeira no lançamento do álbum de estreia de Gal Costa e a segunda como compacto em dezembro de 1968.

Como o compositor estava preso na época do lançamento do compacto, desconheceu o enorme sucesso alcançado por seu frevo "Atrás do Trio Elétrico" no carnaval de 1969 na Bahia. Ironicamente, Caetano Veloso saiu da prisão militar na Quarta-feira de Cinzas, rumo ao confinamento em Salvador. Articulada às canções que compõem o lado A do disco, a homenagem ao tradicional trio elétrico de Dodô e Osmar assumiu novo sentido ao afirmar a vida nos versos "Atrás do trio elétrico só não vai quem já morreu / quem já botou para rachar / aprendeu que é do outro lado / do lado de lá do lado / que é lado lado de lá".

No lado B estão "Carolina" (Chico Buarque), "Cambalache" (E.S. Discépolo), "Não Identificado" (gravada anteriormente por Gal Costa no mesmo ano em seu disco solo), "Chuvas de Verão" (Fernando Lobo), "Acrílirico" (poema musical concretista composto em parceria com Rogério Duprat) e "Alfômega" (Gilberto Gil). Ainda que o tom melancólico seja predominante, o lado B traz procedimentos usuais da estética tropicalista, utilizados anteriormente no disco-manifesto *Tropicália ou Panis et*

Circencis (1968) e nos álbuns *Caetano Veloso* (1967), *Gilberto Gil* (1968), bem como no primeiro solo de Gal Costa (1969). Estão presentes na obra o pastiche, o flerte com o *kitsch* em tom indignado ("Cambalache"), a reinterpretação irônica de canções de outros compositores ("Carolina"), a incorporação de arranjos instrumentais que tecem comentários por meio da justaposição de elementos aparentemente conflitantes e que tensionam aspectos modernos e arcaicos na estrutura das canções.

Ao longo de todo o álbum, há a presença de diversos gêneros musicais nordestinos, como o baião ("Irene") e o samba de roda ("Marinheiro Só"), arranjados com guitarra elétrica e estética de rock. Como na maior parte da obra de Veloso, há também o diálogo com a bossa nova em "Chuvas de Verão", cuja letra, tratando em tom confessional de um rompimento amoroso, parece se referir de modo cifrado ao contexto de melancolia e isolamento tematizados no conjunto de canções que compõem o álbum. Versos como "ressentimentos passam como vento", "trazer uma aflição dentro do peito", "agora eu tenho calma / não te desejo mais" ressaltam um movimento pendular que perpassa todo o disco, entre tristeza e afirmação de vida, entre a voz contida de Caetano Veloso e a guitarra estridente, quase desesperada, de Lanny Gordin.

Um barco vazio atravessa o mar: o quadríptico do lado A

O lado A apresenta um conjunto de quatro canções que dialogam entre si e formam uma unidade temática, funcionando como um quadríptico. "Irene", que abre o álbum, dialoga com "Marinheiro Só", enquanto "The Empty Boat" tem por outra face "Os Argonautas".

Única canção composta na prisão, "Irene" se refere à irmã caçula de Caetano Veloso como imagem de alento, um lugar de conforto para o qual o sujeito da canção pode retornar. Sobre a prisão e o processo de composição da música, Veloso escreveu:

> Irene tinha catorze anos então e estava se tornando tão bonita que eu por vezes mencionava Ava Gardner para comentar a sua beleza. Mais adorável ainda do que sua beleza era sua alegria, sempre muito carnal e terrena, a toda hora explodindo em gargalhadas sinceras e espontâneas. Mesmo sem violão, inventei uma cantiga, evocando-a, que passei a repetir como regra: "Eu quero ir minha gente / Eu não sou daqui / Eu não tenho nada / Quero ver Irene dar sua risada / Irene ri, Irene ri, Irene". Foi a única canção que compus na cadeia (VELOSO, 2020, p. 108).

Em *Verdade Tropical* o compositor relata que não tinha intenção de gravá-la, mas mudou de ideia depois que Gilberto Gil elogiou a beleza da composição. Não por acaso, Gil, que fora preso com o parceiro, abre o disco de 1969 cantando e tocando violão em "Irene" e o encerra com a composição "Alfômega", gravada por Veloso. É a voz de Gil que pode ser ouvida na abertura do disco, contando "1, 2, 3" e depois interrompendo a canção para dizer que se esqueceu de cantar e entrou fora do tempo. Rogério Duprat mantém o aparente erro, valorizando-o no arranjo, o que dá um tom de frescor ao baião composto pela progressão dos acordes descendentes de Fá, Ré bemol e Si bemol menor e novamente Fá, uma oitava abaixo da primeira nota.

O baião, gênero nascido nas zonas rurais do Nordeste como novo modo de se tocar lundu por violeiros, se notabilizou como música de dança e, posteriormente, como gênero urbano a partir dos anos de 1940, graças à estilização feita por Humberto Teixeira e Luiz Gonzaga (TINHORÃO, 2013, p. 251); esse último, aliás, era um herói musical de Gilberto Gil, que toca a progressão de acordes descendentes no violão nessa gravação. A canção tem acompanhamento de percussão e dois elementos do arranjo se justapõem: os sopros regidos por Rogério Duprat, em especial a flauta, que comenta com certa doçura sertaneja a letra, além de emular o riso de Irene após o verso "quero ver Irene dar sua risada"; e a guitarra com pedais de distorção de Lanny Gordin, que imprime uma face de canção pop contemporânea.

A letra e estrutura de "Irene" dialogam com a versão de Caetano para "Marinheiro Só", terceira faixa do lado A. Tradicional da região do Recôncavo, o samba de roda tem por característica o acompanhamento rítmico de prato e palmas, além do canto e contracanto realizados por um coro que responde a cada verso com o título da canção. Na abertura dessa versão, é a guitarra distorcida de Lanny Gordin que faz a vez de coro. Em seguida, o coro de vozes e o prato tomam o primeiro plano para, no final, serem suplantados por contrabaixo, guitarra e bateria, tornando-se um rock. "Irene" ecoa o deslocamento de "Marinheiro Só": "Eu quero ir minha gente / Eu não sou daqui / Eu não tenho nada". Ao passo que "Marinheiro Só" tem como verso de abertura o segundo verso de "Irene" e seu "Eu não tenho nada" é substituído por "Eu não tenho amor" (LOBO, 2013, p. 4): "Eu não sou daqui / Eu não tenho amor / Eu sou da Bahia / De São Salvador". O sorriso da irmã aparece como o "lugar" para onde o sujeito da canção anseia retornar, funcionando como índice de pertencimento familiar e de origem. Além disso, a ideia do retorno é reforçada pelo fato de "Irene ri" ser um palíndromo. Apesar da tristeza na voz do intérprete, as duas canções são apresentadas com roupagens de pop-rock dançante, sobre formas musicais tradicionais nordestinas. As duas outras canções inéditas, "The Empty Boat" e "Os Argonautas", se mostram mais melancólicas.

"The Empty Boat", segunda canção do lado A, é a mais pungente do álbum, com voz, percussão e violão em primeiro plano, que produzem uma atmosfera de silêncio e gravidade, em oposição aos arranjos de cordas, sopros e guitarra, que, por sua vez, imprimem estridência e dramaticidade. Os dois acordes que a compõem, Sol menor e Dó maior com o baixo em Sol, conferem um efeito de ondulação à canção, feito um barco à deriva, intensificado pela marcação rítmica da percussão, que emula o som do baque de um barco em seu ancoradouro. O tom menor nessa composição produz uma atmosfera de melancolia e sobriedade, expressados no início da canção pela marcação solitária dos dois acordes de abertura ao violão. Um a um, os elementos do arranjo são inseridos: os oboés se contrapõem à interpretação austera de Veloso, cantando na oitava mais grave do tom da música durante a primeira vez em que todos os versos da canção são entoados. Na terceira estrofe, o arranjo de cordas e o contrabaixo adensam a introspecção da melodia. Na segunda vez em que Caetano retoma os versos desde o início, a guitarra elétrica distorcida e o canto, agora uma oitava acima, transmitem dramaticidade crescente à interpretação.

Vindo logo em seguida à alegria de "Irene", o clima sombrio de "The Empty Boat", com sua letra em inglês, produzem um contraste bastante evidente na audição do disco. Nesse sentido, alguns elementos líricos se destacam em "The Empty Boat". Por meio de uma analogia entre as partes da embarcação e do próprio corpo do sujeito da canção (LOBO, 2013, p. 5) se formam imagens de esvaziamento: "From the stern to the bow / Oh, my boat is empty / Yes, my heart is empty / From the hole to the how" ("Da popa à proa / Oh, meu barco está vazio / Do vazio ao como"). Da popa à proa, o barco está vazio[12], assim como o coração do sujeito da canção, sem entender muito bem as circunstâncias em que se encontra, "do vazio ao como". Na segunda estrofe, ainda com o barco vazio, começa a surgir um movimento, a partir do leme, embora a mão que o conduza também se apresente vazia: "From the rudder to the sail / Oh, my boat is empty / Yes, my hand is empty / from the wrist to the nail" (Do leme à vela / Oh, o meu barco está vazio / Do pulso à unha") . Esse último verso, do pulso até à unha, é o espaço delineado pela palma da mão, comumente associada ao destino. A mão vazia conduz, à revelia do próprio destino, um barco vazio. A terceira estrofe apresenta o barco em plena viagem: "From the ocean to

---
12 As traduções utilizadas nas paráfrases são de nossa autoria.

the bay / oh, the sand is clean / my mind is clean / From the night to the day" ("Do oceano até a baía / Oh, a areia é limpa / Minha mente é limpa / Da noite ao dia"). Do oceano até a baía (Bahia?), a areia é clara, mas a mente parece mais esvaziada do que propriamente limpa, do dia para a noite, no verso que, de maneira mais explícita, transmite a ideia de confinamento e deriva.

O sujeito da canção prossegue: "From the stern to the bow / Oh, my boat is empty / Yes, my head is empty / From the nape to the brow" ("Da proa à popa / Oh, meu barco está vazio / Sim, minha cabeça está vazia / Da nuca à testa"). A cabeça, feito a quilha do barco, navega vazia, da popa à proa, da nuca até a sobrancelha. Embora compostos antes do cárcere, os versos adquirem um novo significado ao serem interpretados por um prisioneiro que teve os cabelos raspados pelos militares. Finalmente, o fluxo da correnteza é longo, mas o sonho que motiva o percurso está errado, do nascimento à morte: "From the east to the west / Oh, the stream is long / Yes, my dream is wrong / From the birth to the death" ("Do leste ao oeste / Oh, a corrente é longa / Sim, meu sonho está errado / Do nascimento à morte"). O mais amargo verso desta canção é entoado quase aos gritos, respondido pelo solo de guitarra, igualmente agônico, que se estende *ad libitum*, até que a música desapareça em *fade out*.

"Os Argonautas", fado composto por Caetano Veloso que fecha o lado A, tem as estrofes construídas em torno do acorde de Dó menor. O refrão, por sua vez, se estrutura em Dó maior, causando uma abertura melódica solar sobre o verso de Fernando Pessoa, "Navegar é preciso / Viver não é preciso". Esse verso confere à canção um aspecto mais de coragem do que resignação, ainda que não se aviste o porto de chegada. O diálogo com "The Empty Boat" inicia-se com a comparação entre a nau e o coração, trazendo novamente a presença da oscilação, dessa vez, expressada nos pares de sentimentos opostos: "O *barco* / meu *coração* não aguenta / tanta *tormenta* / *alegria* / meu coração não contenta / o dia / o marco / meu coração / o porto / não" (grifos nossos).

"Navegar é preciso, viver não é preciso", a exortação de coragem proferida pelo general Pompeu Magno a seus marinheiros, no século I a.C., segundo Plutarco, apropriada por Fernando Pessoa – ou melhor, seu pseudônimo Bernardo Soares – tem seu sentido misturado no fado de Caetano Veloso. Navegar se confunde com viver, quando ambos não têm destino certo, nem exatidão e, no entanto, é necessário partir. O barco navega na escuridão, em direção à luz do amanhecer, que, apesar da beleza, não deixa de ser um horizonte incerto que pode se confundir com o nada: "O barco / *noite* no céu tão *bonito* / sorriso solto *perdido* /

horizonte / madrugada / O porto / *nada*" (grifos nossos).

Se para Bernardo Soares, no fragmento 125 do *Livro do Desassossego*, os Argonautas são os de "sensibilidade doentia" (PESSOA, 2011, p. 147), o sujeito da canção responde à altura: "meu coração não aguenta / não contenta". No fragmento 306, há considerações sobre o porto: "Ficamos, pois, cada um entregue a si próprio, na desolação de se sentir viver. Um barco parece ser um objeto cujo fim é navegar; mas o seu fim não é navegar, senão chegar a um porto" (PESSOA, 2011, p. 292). Os versos finais de cada estrofe da canção de Caetano Veloso, porém, reforçam a negatividade ou impossibilidade de condução a um destino: o porto/não; o porto/nada; o porto/silêncio.

Na última estrofe, o barco se torna meio de transporte moderno, carro, trem, que opõe sua agilidade ao porto incerto, transfigurado em imagens de silêncio e morte: O barco / o automóvel brilhante / o trilho solto / o barulho / do meu dente em sua veia / o sangue / o charco / barulho lento / o porto / silêncio.

Flora Süssekind comenta o modo como a experiência cultural antropofágica da geração de artistas dos anos 1960, que depois acabou por vivenciar a prisão, a tortura e o exílio impostos pela ditadura militar, se transfigura na revisitação de formas diversas de vampirização que sublinhariam, ao mesmo tempo, a dissolução de uma dimensão coletiva e a devoração pela nova ordem política (SÜSSEKIND, 1997, p. 54). Os últimos versos de "Os Argonautas" trazem o vampiro algoz que conduz a um porto-silêncio, que pode ser entendido como a própria morte. E, contudo, talvez por isso mesmo, navegar nunca tenha sido tão necessário. Todavia, a música termina em suspenso, no acorde da guitarra portuguesa em Ré com sétima deixando no ar a pergunta: "Viver?". Essa finalização não se dá pelo acorde perfeito maior, mas pelo trítono[13] do acorde de Ré com sétima, as notas Dó e Fá sustenido. O brilho da guitarra portuguesa ressalta a estridência da pergunta que fecha o lado A do álbum.

No verso da capa de seu *long-playing* (LP), Caetano Veloso dedicou o disco ao pai, José Veloso, a Hercília e ao amigo Roberto Pinho. Esse e Guilherme Araújo, empresário de Gil e Caetano, esperavam pelos músicos em Portugal. Pinho também foi o responsável por fazer Caetano se interessar por Fernando Pessoa, como o compositor relata longamente em *Verdade Tropical*. Roberto Pinho, segundo Veloso, fora quem o avisara do perigo de ser preso, no final de 1968, graças a um amigo que teria entrado em transe e profetizado a prisão (VELOSO, 2017, p. 343). Os versos de

---

[13] "O trítono (ou quarta aumentada, intervalo de três tons que temos, por exemplo, entre o Fá e o Si ou o Dó e o Fá sustenido) é baseado numa relação numérica de 32/45. Divide a oitava ao meio e é igual à sua própria inversão: "projeta com isso uma forte instabilidade. Foi evitado na música medieval como o próprio *diabolos in musica*" (WISNIK, 2014, p. 64).

"Os Argonautas" têm seu sentido amplificado pela passagem de Caetano Veloso e Gilberto Gil por Portugal, como primeiro destino no exterior, a fim de se encontrarem com Guilherme Araújo e Roberto Pinho. A estadia em Portugal sob a ditadura de Marcello Caetano foi breve. Dali, eles ainda passaram brevemente por Paris, mas não quiseram ficar, devido à tensão constante entre a polícia local e os imigrantes, no rescaldo dos levantes de maio de 1968. Os músicos, então, escolhem Londres como seu destino no exílio. Caetano, deprimido e longe da vida, se deixou convencer sobre o destino, como relatou no documentário de Geneton Moraes Neto[14].

Ainda sobre o disco, há duas questões formais na abertura do lado B que são dignas de nota. Ele abre com "Carolina", composição de Chico Buarque que fora a terceira colocada no II Festival Internacional da Canção, em 1967, e já havia sido citada em "Baby", gravada no disco-manifesto *Tropicália ou Panis et Circencis* (1968). A versão foi considerada irônica pela crítica da época, do arpejo inicial no violão à voz deprimida do cantor, entoando os versos: "Carolina, nos seus olhos fundos / guarda tanta dor / a dor de todo esse mundo / eu já lhe expliquei que não vai dar / seu pranto não vai nada ajudar". Caetano revelou que

---

14 *Canções do Exílio: A Labareda Que Lambeu Tudo*. Direção: Geneton Moraes Neto. Rio de Janeiro: Canal Brasil; Multipress Digital, 2010. 1 DVD, 95 min.

teve a ideia de gravar a música inspirado em sua vivência no bairro da Pituba. Para ele, Carolina se tornaria a "antimusa" (CALADO, 1997, p. 260) daquele momento, pois a canção havia sido gravada por Agnaldo Rayol em 1968, no álbum *As Minhas Preferidas – Na Voz de Agnaldo Rayol – Presidente Costa e Silva*. Para Caetano Veloso, sua versão:

> Fazia da própria canção uma personagem que, passando pelas dependências oficiais da presidência militarizada da República (afinal, a canção tinha sido gravada por Agnaldo Rayol como uma das "favoritas do presidente" Costa e Silva), veio cair num programa de calouros mirins da televisão baiana no meu período de confinamento em Salvador, depois da cadeia, tornando-se assim a representante da depressão nacional – e da minha depressão pessoal – pós AI-5 (VELOSO, 2005, p. 49).

Os críticos da época, no entanto, entenderam a versão de Caetano como uma paródia do lirismo de Chico Buarque. Em entrevista ao *Pasquim* (1969-1971), Chico deixa transparecer que havia se irritado com a "Carolina" de Veloso (DUNN, 2009, p. 179). Contudo, a interpretação fragilizada dos versos "lá fora, amor / uma rosa morreu / uma festa acabou / nosso barco partiu / eu bem que mostrei a ela / o tempo passou na janela e só Carolina não viu" soa como um fecho perfeito para os acontecimentos recém-vividos pelo compositor, além do tom de balanço para sua geração, ao final da década de 1960. Assim como "Os Argonautas", "Carolina" também termina em suspensão com um acorde de sétima, no caso Dó, o que dá à canção um caráter de não resolução. O acorde se prolonga até se tornar a primeira nota da faixa seguinte, o tango "Cambalache", que, ao modo das duas canções anteriores, também termina sem solução num acorde de Dó com sétima.

As três canções, com seus finais em suspenso, deságuam em "Não Identificado", canção de Veloso gravada naquele ano por Gal Costa em seu álbum de estreia. Essa transição produz um efeito poético-musical que reforça as ideias desenvolvidas tanto em "The Empty Boat" como em "Os Argonautas" – o barco musical que navega com destino incerto, em suspensão, rumo ao ruído branco na introdução de "Não Identificado". Essa canção, um "iê-iê-iê romântico", era a favorita do pai de Caetano Veloso, a quem é dedicado o álbum de 1969, e acena para a Jovem Guarda, ao mesmo tempo que, por meio de um mecanismo metalinguístico ("eu vou fazer uma canção [...]"), pensa a si mesma e o que seria a quintessência da canção de amor, popular e singela, que alcançasse as massas, bem ao modo daquela "canção do Roberto" citada no verso de "Baby", de Caetano Veloso.

"Tanto faz no Sul como no Norte"

"Alfômega", de Gilberto Gil, confere um tom de festa de despedida ao fechamento do álbum. A mesma temática e vibração semelhante atravessa *Barra 69* (1972), o disco de nome ambíguo que registrou o show de despedida da dupla de artistas rumo ao exílio. A letra da composição reforça o sentido já traçado pelas canções anteriores, de deriva e de ausência de destino: "o analfomegabetismo / Somatopsicopneumático / que também significa / que eu não sei de nada sobre a morte / que também significa / tanto faz no Sul como no Norte / justamente que também significa / Deus / é quem decide a minha sorte". Há uma história bastante difundida sobre essa canção, segundo a qual Gilberto Gil teria gritado o nome de Marighella no meio da confusão sonora do arranjo. O caso foi desmentido por ele no documentário *Canções do Exílio: A Labareda Que Lambeu Tudo*, de Geneton Moraes Neto: "Seria muito destemor gritar Marighella naquele momento"[15].

Os versos repetidos de maneira sincopada marcam os tempos fortes da música, sobre um arranjo de cordas e sopros que abrem dissonâncias em cima da base de violão e contrabaixo em ritmo de funk. Gilberto Gil, por sua vez, ri

---

15 *Canções do Exílio: A Labareda Que Lambeu Tudo*. Direção: Geneton Moraes Neto. Rio de Janeiro: Canal Brasil; Multipress Digital, 2010. 1 DVD, 95 min.

debochado, sublinha finais de versos com gritos ou cantarola notas em escala descendente, imprimindo à canção um tom de vertigem. O arranjo se prolonga até o final da música, enquanto os versos entoados repetidamente causam a impressão de circularidade e não resolução. A canção termina com a acentuação das palavras no final dos versos: "morte / norte / sorte", à medida que o volume do arranjo vai diminuindo até que a faixa termina ao som de "shhhh", com Caetano pedindo silêncio, enquanto Gil percute a nota Fá sustenido mais grave no violão. A ideia de circularidade é reforçada pelo título da música, a contração de alfa e ômega, o início e o fim do álbum marcados pela presença de Gilberto Gil, o companheiro de música e exílio. A circularidade dos versos e a marcação das palavras "morte/norte/sorte" como equivalentes, remete a canção para outra imagem de representação do destino, a Roda da Fortuna, um dos arcanos maiores do tarô que versa exatamente sobre a impermanência e a inexatidão dos rumos do destino. À semelhança da Roda, no final de cada verso entoado, ora morte, ora norte, ora sorte ficam em evidência na roleta lírica.

"Tanto faz no Sul como no Norte" é justamente o verso impresso numa tira de papel no interior da capa dupla do LP *Barra 69* (1972), tornando-se uma espécie de mote da viagem para a qual embarcariam, sem destino certo. O registro do show foi feito pelo músico Perinho Albuquerque com um gravador Akai e, naquele momento, ninguém imaginava em transformar a gravação em disco (DRUMMOND; NOLASCO, 2017, p. 204). O álbum abre com "Cinema Olympia", canção inédita de Veloso, apresentada em versão rock pelos Leif's, a banda que acompanhou Gil e Caetano nesse show e que contava com o jovem Pepeu Gomes na guitarra. Apesar da voz ainda demonstrando fragilidade, os versos apresentam imagens de superação da fase de confinamento doméstico, inclusive mencionando os meses em que tudo aconteceu: "Não quero mais essas tardes mornais, normais / não quero mais vídeo tapes / mormaço / março / abril / eu quero pulgas mil na geral / eu quero a geral / eu quero ouvir gargalhada geral / quero um lugar para mim, pra você / na matinê do Cinema Olympia, do Cinema Olympia".

A menção à "geral" como espaço popular também se relaciona com a canção que fecha o álbum, "Hino do Esporte Clube Bahia", que aparece aglutinada a "Alegria, Alegria" e a "Aquele Abraço". Durante o período de prisão domiciliar, embora sem grande interesse por futebol, Caetano Veloso frequentou o estádio da Fonte Nova, em Salvador, para ver o Bahia jogar. Diz ele:

> Eu ia também ao estádio da Fonte Nova para ver futebol [...] encontrava grande alegria nas tardes ensolaradas e fes-

tivas das grandes partidas. Foi o único período da minha vida em que o futebol teve presença considerável [...]. A jornalista Marisa Alvarez Lima – que tinha me apresentado a Hélio Oiticica – veio a Salvador e fez uma reportagem em que eu aparecia fotografado por teleobjetiva e em cujo texto apenas se dizia misteriosamente que eu estava em Salvador e parecia triste (VELOSO, 2017, p. 408).

De fato, Maria Alvarez Lima, que foi a Salvador entrevistar Caetano nesse período, o descreveu na reportagem como "o homem quieto do bairro de Nazaré, em Salvador" e chamou a atenção para algo novo em sua aparência, os cabelos agora estavam curtos. Anos depois, em 1995, a jornalista diria que ficou com o coração apertado ao ver "aquela figura magra, de olhar triste" (LIMA, 2002, p. 147, 149).

Nesse contexto, os versos do hino do clube adquirem outro significado: "Somos a turma tricolor / somos a voz do campeão / somos do povo o clamor / ninguém nos vence em vibração [...] ouve essa voz que é teu alento / Bahia, Bahia, Bahia / é assim que se resume a sua história". O verso "ninguém nos vence em vibração" foi usado como uma contundente afirmação do estado geral dos ânimos depois de tudo o que os músicos passaram. Impressa na contracapa do disco, com grande destaque, a frase parecia um recado aos militares.

Sobre esse conjunto de canções, Caetano ofereceu o seguinte depoimento em entrevista concedida para esta pesquisa:

> Escrevi "Os Argonautas" para Bethânia, a pedido dela, que tinha lido um texto de Fernando Pessoa que citava a frase sobre ser preciso navegar, mas viver, não, onde ele a atribuía aos argonautas (hoje só encontro afirmações de que a frase é romana e não grega). "Empty Boat" (o artigo definido foi posto depois pela cantora americana Chrissie Hynde: eu tinha intenção de que meu inglês fosse "broken", mas não sabia que a ausência desse "the" soava estranha a ouvidos anglófonos) foi escrito ainda em São Paulo, suponho. "Cinema Olympia" é uma referência a um cinema que existiu na Baixa do Sapateiro antes de eu me dar por gente. Creio que a escrevi na Bahia, durante o confinamento. Na altura não pensei em nada que unisse "Os Argonautas" ao "Empty Boat". Mas claro que os temas se aproximam. A ideia de exílio só apareceu depois de gravarmos. O coronel disse a Gil que era a única saída. Gil já tinha duas filhas e queixou-se ao coronel de estar havia quase 6 meses sem poder trabalhar. Nunca mais ouvi esse disco.

Caetano Veloso teve outros planos interrompidos pela prisão e o exílio em 1969. Ele desejava gravar um disco experimental, o que só aconteceria em 1973, já de volta do exílio, com *Araçá Azul*. Em 2005, Caetano gravou um depoimento para Suely Rolnik[16], a propósito da obra de Lygia Clark, e revelou que *Araçá Azul* seria a realização tardia desse desejo. Sobre isso, ele disse na mesma entrevista concedida para esta pesquisa:

> Esbocei uns poemas tipo poesia concreta, ia botar o "Acrilírico" (que era um texto que eu já tinha escrito havia cerca de um ano) e o título do álbum ia mesmo ser *Boleros e Sifilização*. Com a prisão, o confinamento e o exílio, tudo desabou. Gravei "Acrilílrico" com Rogério Duprat. Aliás, foi ele quem sugeriu que distribuíssemos os trechos com amigos meus da Bahia (e ele próprio), em vez de usar minha voz dizendo tudo aquilo sozinho: ele achava enjoado eu falando, ficava por demais parecido com discos de poesia. Fiz como ele sugeriu, mas não achei que isso reforçasse o texto.

A prisão dos baianos, na esteira dos eventos já descritos, evidencia o que Alexandre Nodari destaca na introdução de *O Tropo Tropicalista*, de João Camilo Penna: "os costumes, os modos de vida, as práticas corporais e a sexualidade haviam

---
16 ARQUIVO para uma obra em acontecimento. Direção: Suely Rolnik. São Paulo: Sesc-SP; Cinemateca Brasileira. 2005. 1 DVD, 117 min.

se tornado – esse é o sentido de 1968 – um palco político decisivo". Justamente por isso, após o AI-5, o Conselho de Segurança Nacional estava atento à "subversão dos costumes", que "minaria as bases morais da sociedade, gerando um 'clima de intranquilidade e agitação', propícios à derrubada revolucionária da ordem" (NODARI, 2017, p. 14).

Assim, Caetano Veloso e Gilberto Gil partem para o exílio em 27 de julho de 1969, advertidos pelos militares de que não deveriam retornar ao país. No mês seguinte, ocorre o lançamento do álbum *Caetano Veloso* (1969). Sobre Londres, numa crônica escrita para o *Pasquim* em forma de carta endereçada a Sigmund, o ratinho mascote da publicação, e intitulada "Meu caro Sigmund", de 11 de setembro de 1969, Caetano escreveu: "Tendo ido a Lisboa e Paris, ainda não tinha chegado ao *estrangeiro*. Aqui é o estrangeiro." (VELOSO, 1977, p. 42). Nesse sentido, a introdução de composições em inglês em seu disco pré-exílio produz um efeito de despedida, antecipando a vivência em terra estrangeira, se lembrarmos que o compositor, anos depois, na canção "Língua", do disco *Velô* (1984), invocaria novamente Bernardo Soares, no Fragmento 259 do *Livro do Desassossego* ao cantar que "minha pátria é minha língua".

Em *Caetano Veloso* (1969), as questões do corpo e do esvaziamento subjetivo, vivenciadas na experiência da prisão, aparecem figuradas nas canções analisadas, sobretudo nas metáforas do barco à deriva, que se confundem com partes do corpo do sujeito da canção. O clima de medo, o destino incerto e à revelia, bem como o sofrimento advindo das privações físicas na cadeia, permeiam as canções desse disco. Dedicado ao pai, José Veloso, cuja intervenção contundente resgatou o filho de um episódio de dissociação psíquica ao chegar à casa da família em Salvador, quando se sentiu absolutamente estranho a si mesmo, sem se reconhecer no espelho, como se a liberdade tivesse chegado, mas ele não mais estivesse ali (VELOSO, 2020, p. 136), *Caetano Veloso* (1969) também traz a ausência do corpo na capa do álbum. Proibido pela ditadura de ter sua imagem divulgada, a assinatura em tinta preta sobre o fundo branco, a ocupar toda centralidade da capa, é mais do que a assinatura autoral do artista, pois amplifica, em muitos decibéis, o apagamento imposto pela ditadura da efígie de seu compositor. Enfim, uma capa vazia para um barco vazio.

Ainda sobre a questão do corpo, José Celso Martinez Corrêa escreveu no exílio uma observação interessante sobre a geração de 1968:

> 68 foi, acima de tudo, uma revolução cultural que bateu no corpo. Foi um movimento de ruptura, de descolonização em que a decisão individual (voluntarismo) era importantíssima. Independência ou morte. Era o corpo que arrisca-

va; foi o corpo que arriscou; foi o corpo que avançou; foi o corpo que foi torturado também. E é o corpo que está até hoje sentindo o frio do exílio, longe dos trópicos... E a experiência da sobrevivência na noite desses anos, sua memória, está gravada no corpo... Qualquer análise que se queira fazer de 68 terá que partir desse dado (1998, p. 125-126).

Exilados, Gil e Caetano deixam Gal Costa como a protagonista das ideias tropicalistas no Brasil. No álbum *Gal Costa* (1969), também conhecido como "Tuareg" (nome da segunda faixa do disco), seu segundo trabalho solo e que tem participação de Gilberto Gil nos vocais de apoio, as propostas desenvolvidas nos discos pré-exílio de Gil e Caetano foram radicalizadas. A direção musical também ficou a cargo do maestro Rogério Duprat e a produção, de Manoel Barenbein. O guitarrista Lanny Gordin, agora, além das guitarras, assumiria o contrabaixo nas gravações. Com nota de apresentação de Caetano Veloso no encarte, o LP reúne composições de Gilberto Gil e Caetano Veloso, escritas para seus discos de 1969, canções de Jorge Ben e Jards Macalé, além da carta de apresentação para o novo momento de uma artista em ascensão, "Meu Nome É Gal", de Roberto Carlos e Erasmo Carlos. Ironicamente, antes da prisão, Caetano Veloso e Jorge Ben haviam gravado juntos "Charles, Anjo 45", de Ben, que a gravadora decidiu não lançar, justamente por ser "uma saudação romântica a um herói marginal" de quem era dito que "fora tirar, sem querer, férias numa colônia penal" (VELOSO, 2017, p. 409).

Em *Gal Costa* (1969), a cantora aparece com cabelos, roupas e *performance* que remetiam a Janis Joplin, em interpretações explosivas e psicodélicas – como as cores do desenho na capa de seu disco – das principais canções do exílio de Caetano Veloso e Gilberto Gil. O flerte tropicalista com a Jovem Guarda, presente no álbum de estreia da cantora, volta amplificado por distorções sonoras e pela guitarra elétrica de Lanny Gordin. O álbum abre com "Cinema Olympia", trazendo ainda gravações de "The Empty Boat", de Caetano Veloso, "Cultura e Civilização" ("Elas Que Se Danem, Ou Não"), "Objeto Sim, Objeto Não" e "Com Medo, com Pedro" de Gilberto Gil, em versões ácidas e que incorporam o ruído e as distorções características da música de Jimi Hendrix, o que, nesse contexto, remete ao clima de desespero diante da situação política que vinham enfrentando o país e o grupo baiano. Em entrevista a Tárik de Souza, perguntada sobre como foi segurar a bandeira do Tropicalismo praticamente sozinha, após o exílio dos baianos, Gal respondeu: "Fui visitá-los em Londres algumas vezes, umas três, talvez, ou quatro, mas três com certeza. E lá eles compunham, eu trazia coisas, gravava, mas era muito difícil, eu sentia muita angústia" (2017, p. 30).

Para Paulo Henriques Britto, o exílio exerce uma inflexão na temática das canções do período, que passam a adotar uma perspectiva mais intimista e subjetiva, dando "lugar a uma postura de desencantamento e desânimo", privilegiando "temas como o medo, a solidão, a derrota, o exílio e a loucura" (2003, p. 3). Já a historiadora Denise Rollemberg aponta que, se as experiências da prisão e do exílio, por um lado, foram a derrota política das gerações de 1964 e 1968, por outro, se tornaram a possibilidade de resistência e continuação da contestação:

> De um lado, o fim e a morte com o desenraizamento do mundo conhecido; de outro, o recomeço e a vida que traziam um mundo por descobrir. O exílio brasileiro dos anos 60 e 70 é esta dubiedade, na qual cabem a morte e a vida (2004, p. 282).

Nesse sentido, as canções analisadas delineiam uma poética do exílio que apresenta movimentos por vezes antagônicos, entre o som e silêncio, a alegria por estar vivo e o luto pela ausência, ao longo do período de 1969-1972. Esse arco se inicia com a prisão em 1969 e a produção do disco no mesmo ano, a adaptação ao exílio, no álbum de 1971, e a preparação para a volta, em 1972.

CAPÍTULO 2

LONDON, LONDON: em busca de discos voadores no céu de *Caetano Veloso* (1971)

Os anos que vivemos ali foram como um sonho obscuro para mim.

VELOSO, 2017, p. 413.

"Aqui é o estrangeiro"

No dia 4 de agosto de 1969, recém-chegados a Lisboa, Caetano Veloso e Gilberto Gil tocaram no *Zip-Zip*, programa de auditório na televisão, comandado pelo humorista Raul Solnado. Quando o apresentador perguntou a eles se a música que faziam naquele momento ainda deveria ser classificada como tropicalista, Gil olhou para Caetano, que respondeu com veemência:

> Não, eu acho que não, porque o nome de um movimento só existe enquanto o movimento existe e o Tropicalismo não existe mais como um movimento. Ele frutificou, *o que nos tentamos fazer* chamou a atenção dos outros composi-

tores novos brasileiros. Eles foram, de uma certa maneira e modéstia à parte, influenciados pelas nossas ideias, mas *nós já não estamos no Brasil, e já não há o Tropicalismo como movimento*. De modo que o que a gente faz hoje é irresponsável com relação ao movimento tropicalista (grifos nossos).[17]

Com apenas uma semana em terras estrangeiras, Caetano Veloso declarou o fim do Tropicalismo e também se desobrigou de quaisquer responsabilidades em relação ao movimento. Sobretudo, associa esse fim à saída dele e de Gil do Brasil, evidenciando o modo como o recrudescimento da repressão do regime militar após 1968 e o AI-5 provocaram a dispersão forçada de artistas e intelectuais, estilhaçando o cenário cultural brasileiro e pondo fim à colaboração artística coletiva. De certo modo, esse tom de desencanto já aparecia no texto escrito por Caetano para o programa do show de despedida, realizado no Teatro Castro Alves, em julho de 1969:

> Há muitos e muitos anos não há nada a dizer. João Gilberto, Roberto Carlos, Jorge Ben. *Ninguém é profeta fora de sua terra*. Bob Dylan. Ninguém. [...] Oportunamente apre-

---

17 A cena está na abertura do documentário *Tropicália*. Direção: Marcelo Machado. São Paulo: Imagem Filmes; Bossa Nova Films, 2012. 1 DVD, 87 min. A postura lembra a do sujeito cancional de "Tropicália" nos versos: "eu organizo o movimento / eu oriento o carnaval".

sentaremos para vocês algo mais... mais... mais... mais... mais... sei lá... algo mais divertido – disse o *palhaço vaiado*. Assim esperamos – disse a plateia, já agora morrendo de rir. O grande sucesso do palhaço. Esta e outras histórias não serão contadas agora porque não há tempo. Viva a rapaziada. Não há tempo para lenga-lengas (VELOSO, 2005, p. 199. Grifos nossos).

Caetano Veloso escreve um texto de despedida no qual se coloca como um palhaço vaiado que teve suas histórias abreviadas porque não há mais tempo, o exílio urge. O vaticínio de que ninguém é profeta fora de sua terra confere ao texto um tom de derrota diante da partida, tornando coerente a resposta dada por Caetano Veloso a Raul Solnado. Já não havia mais o Brasil, apenas a tristeza do degredo. Essas reflexões se sedimentariam durante o primeiro ano do exílio inglês. Em trânsito, Caetano Veloso, Gilberto Gil e Guilherme Araújo fazem uma visita rápida a Violeta Arraes Gervaiseau, figura central no apoio aos brasileiros exilados na Europa e irmã do governador de Pernambuco, Miguel Arraes, que também tinha sido forçado a deixar o Brasil. Os músicos, entretanto, não se entusiasmam por Paris e rumam em direção à Inglaterra.

Caetano Veloso teve inúmeros endereços em Londres, mas afirmou que "as memórias da casa de Chelsea, de dentro da casa, são muito mais resistentes do que as das outras moradas" (VELOSO, 2017, p. 413). No primeiro ano de exílio, por ter se sentido incapaz de se interessar pela cidade, Caetano desenvolveu uma rotina caseira, que consistia em ver televisão e interagir com os amigos que fossem visitá-lo. O endereço do número 16 de Redesdale Street foi apelidado por Haroldo de Campos, durante uma breve estadia, de Capela Sixteena, provavelmente, pelo caráter renascentista do ambiente, que acolheu inúmeros artistas brasileiros autoexilados, como o artista visual Hélio Oiticica, o compositor e escritor Jorge Mautner, o poeta Antônio Cícero, ainda um estudante de filosofia, os cineastas Júlio Bressane e Rogério Sganzerla, entre outros. Os residentes fixos da casa de três andares eram Caetano Veloso, Gilberto Gil, suas respectivas esposas, Dedé e Sandra Gadelha, e o empresário Guilherme Araújo.

Nesse momento em que o Brasil parecia distante e Londres se afigurava como "um período de fraqueza total", (ibid., p. 415), no qual Caetano se envergonhava por não saber como se esforçar para que as coisas progredissem (ibid., p.416), o compositor aceita o convite de Luiz Carlos Maciel e torna-se colaborador remunerado do *Pasquim*, semanário da imprensa alternativa brasileira que mesclava humor e resistência política. Assim, Caetano passa a enviar crônicas semanais para a publicação. Os textos fornecem alguns indícios do estado emocional do músico baiano. As primeiras crônicas que ele escreveu se caracterizam pelo "Meu caro Sigmund" na abertura dos textos. No formato de missivas, Caetano escreveu sobre si num registro que servia para encobrir o luto que ele enfrentava naquele primeiro ano de exílio.

Algumas afirmações que denotam ora ironia, ora luto travestido de indiferença, são recorrentes nesses textos, reaparecendo, inclusive, mais tarde na letra de "London, London". Na primeira crônica, datada de 11 a 18 de setembro de 1969, escrita no trânsito entre Lisboa, Paris e Londres, Caetano abre o texto da seguinte forma: "Meu Caro Sigmund – eu agora também vou bem, obrigado. *Obrigado* a ver outras paisagens, senão melhores, pelo menos mais clássicas e, de qualquer forma, outras. *Alô, alô Realengo, aquele abraço* (VELOSO, 2005, p. 328. Grifos nossos). Caetano explora o sentido da palavra "obrigado" para demonstrar que estava em outras paragens contra a sua própria vontade. Cita ainda "Aquele Abraço", a canção de despedida do Brasil, escrita por Gilberto Gil, fechando o sentido cifrado por meio do qual o exílio é tratado na abertura de seu texto. No mesmo texto, ele aproveita para reafirmar que "ninguém é profeta". Em outra crônica, escrita entre 27 de novembro e 2 de dezembro de 1969, Caetano escreve que "Eu não estou aqui e não tenho nada com isso" e "Eu não dependo disso tudo. Nada disso depende de mim" (ibid., p. 318-319). Numa crônica escrita entre 6 e 12 de novembro de 1969, Caetano finalmente expressa o luto de modo explícito: "Eu estou meio cansado para fazer coisas compridas e trabalhadas [...]. Eu gostaria de ver a Bahia antes de morrer." (ibid., p. 322).

O tema da morte é uma constante nas cartas, como se desdobrasse a metáfora do palhaço vaiado. Na crônica de 27 de novembro a 2 de dezembro de 1969, escreve Caetano:

> "hoje quando eu acordei eu dei de cara com a coisa mais feia que já vi na minha vida. Essa coisa era a minha própria cara. [...] Acho que uma capa de revista pode ser como um espelho para um homem famoso. Quando um homem vê a sua cara no espelho ele vê objetivamente em que estado a vida o deixou [...] (ibid., p.318).

Nesse texto, um dos mais contundentes do período, Caetano externou seu mal-estar com as fotos na capa da revista *Fatos & Fotos* (1961-1984), edição n° 459, de 20 de novembro de 1969, em que ele e Gil posam sorridentes sobre a legenda: "Caetano e Gil de Londres – Aquele abraço". Acima da imagem, no canto superior esquerdo, uma pequena foto do rosto de Marighella morto, sob a enorme chamada de capa: "Marighella: a morte do terrorista". Em *Verdade Tropical*, o compositor comentou que lhe pareceu doloroso que a mesma capa ostentasse suas primeiras fotos no exílio londrino e a de Marighella morto, porém, na crônica, Caetano afirma que seu "coração está cheio de um ódio opaco", e o tom do texto denota que a justaposição de imagens estampou um tipo de vitória da ditadura, com seus opositores mortos ou exilados. Pode-se especular ainda que parte do incômodo de Caetano tenha decorrido das fotos sorridentes, que dariam a entender que estariam vivenciando o exílio sem nenhum sofrimento emocional.

> Talvez alguns caras no Brasil tenham querido nos aniquilar; talvez tudo tenha acontecido por acaso. Mas eu agora quero dizer aquele abraço a quem quer que tenha querido me aniquilar porque conseguiu. Gilberto Gil e eu enviamos de Londres aquele abraço para esses caras. Não muito merecido porque agora sabemos que não era tão difícil assim nos aniquilar. Mas virão outros. Nós estamos mortos. Ele está mais vivo do que nós (VELOSO, 2005, p.319).

Caetano interpreta o que de fato representa aquele conjunto de imagens na capa da *Fatos & Fotos*. Eles todos tinham sido aniquilados pelos militares, cada um a seu modo. Marighella, morto de fato, se tornou um ícone, uma memória impossível de ser apagada. O exílio, por sua vez, era um outro tipo de morte, que impunha àqueles que foram mandados embora do país o afastamento do convívio social e da memória coletiva. De qualquer modo, a repressão feita pela ditadura seguia firme, eliminando de maneiras cada vez mais violentas quaisquer dissidências ao regime.

Caetano revelou, em *Verdade Tropical*, seu espanto com o fato de que ninguém no Brasil havia captado o sentido de sua crônica, pois suas afirmações foram tomadas por mera tristeza[18]. Essa dissonância evidencia algo que parece estar no cerne da experiência do exilado, como aborda Ana Maria Machado no romance *Tropical Sol da Liberdade*, que narra o exílio da geração de 1968: "viver num estado de inadequação permanente, não pertencendo ao mundo em volta e cada vez pertencendo menos ao país natal" (2005, p.185).

Em 14 de janeiro de 1970, Caetano Veloso esclarece em sua crônica semanal que "estava morto, e não triste" e que desejava que sua morte "fizesse bem à Gal Costa" (VELOSO, 2005, p. 82). Afinal, como já mencionado, coube à cantora baiana levar adiante as ideias tropicalistas de Gil e Caetano no Brasil. Nesse jogo entre estar vivo e

---

[18] Em *Abraçaço*, disco de 2012, Caetano Veloso retomaria o episódio da morte de Marighella, agora comentado na letra de "Um Comunista": O baiano morreu / eu estava no exílio / e mandei um recado: / "eu que tinha morrido / e que ele estava vivo / mas ninguém entendia".

estar morto, Caetano brinca com a famosa história, que passou a circular no final dos anos 1960, de que o beatle Paul teria morrido e sido substituído por um sósia: "Paul McCartney assegura que está vivo [...] Além do mais, não há motivo para tanta alegria: eu ainda posso ressuscitar. A nossa época é uma época de milagres" (ibid., p.82).[19] De qualquer modo, o tom de Caetano nessas crônicas era de quem se ressentia por estar sendo mitificado por artistas, intelectuais e jornalistas de esquerda, que, em sua opinião, jamais compreenderam os tropicalistas.

Na crônica sobre Marighella, Caetano relata ter recebido, emocionado, a visita de Roberto Carlos. O episódio também é narrado em *Verdade Tropical*. Para o compositor baiano, diante do ícone da Jovem Guarda, era possível sentir "a presença simbólica do Brasil. Como um rei de fato, ele claramente falava e agia em nome do Brasil com mais autoridade (e propriedade) do que os milicos que nos tinham expulsado [...]. Ele era o Brasil profundo" (VELOSO, 2017, p.415). Roberto, que estava acompanhado de Nice, sua primeira esposa, cantou "As Curvas da Estrada de Santos" acompanhado de seu violão, levando Caetano às lágri-

---

[19] De fato, no álbum *Transa* (1972), há o verso "I'm alive, vivo muito vivo", em "Nine Out of Ten". Além disso, a ideia de ressurgir como um novo homem que ninguém poderia supor conhecer só de olhar para a capa de uma revista, por exemplo, aparece na canção de abertura do mesmo álbum, "You Don't Know Me".

mas. O encontro rendeu duas canções que foram gravadas no álbum *Roberto Carlos* (1971). "Debaixo dos Caracóis dos Seus Cabelos" foi o acalanto de Roberto para Caetano, um exercício imaginativo de como seria o retorno de Caetano Veloso do exílio. O compositor baiano, por sua vez, presenteou Roberto Carlos com "Como Dois e Dois".

A emblemática canção de Caetano Veloso foi interpretada de maneira intimista e soturna por Gal Costa no espetáculo registrado no disco *Fa-tal – Gal a Todo Vapor,* mas toma outro sentido na voz de Roberto. Enquanto a interpretação de Gal tinha contornos de canção de protesto em face do cenário repressivo da ditadura militar, Roberto encarnava a voz do grande cantor popular, levando a força da canção para um público muito mais amplo. Além disso, ouvir a interpretação do cantor, que mantinha boas relações com os militares, entoando versos que claramente aludem ao mal-estar provocado pelas arbitrariedades do regime, torna todo o conjunto quase uma obra tropicalista, que tinha por característica a justaposição de elementos díspares para provocar estranheza. A versão de Roberto Carlos explode no refrão com o arranjo de soul tendo ao fundo o coro de apoio composto por vozes femininas, tudo a reforçar a entoação de "meu amor", transformando a canção do exílio de Caetano Veloso em canção de amor: "Meu amor, tudo em volta está deserto, tudo certo / Tudo certo como dois e dois são cinco".

Ressalta-se o modo como o conceito de canção crítica, pensado por Santuza Cambraia Naves, se aplica à construção cancional de "Como Dois e Dois", na qual seu compositor demonstra habilidade em manejar todos esses elementos enfeixados no corpo de sua composição a fim de produzir o efeito desejado: "Quando você me ouvir cantar / Venha, não creia, eu não corro perigo / Digo, não digo, não ligo / Deixo no ar / Eu sigo apenas porque eu gosto de cantar".

O sujeito da canção é, de fato, alguém que canta, e seu canto é o centro motor de seu estar no mundo. É por meio dele que as notícias de si são entoadas. Nesse jogo de presença e ausência, de estar longe/perto, de sentir alegrias/tristezas, de cantar/estar mudo, dizer/deixar no ar, o sufoco do sujeito da canção torna-se manifesto. Ele não corre perigo, prefere "deixar no ar", "deixar sangrar"[20], seguindo adiante fortalecido pelo amor ao próprio canto. As constatações de que tudo vai mal e de que as mudanças aparentes não iludem o sujeito da canção ("Tudo vai mal, tudo / Tudo é igual quando eu canto e sou mudo / Mas não minto, não minto, estou longe e perto / Estou longe e perto / Sinto ale-

---

20 "Deixa Sangrar" é o nome de outra canção de Caetano Veloso composta no exílio e gravada por Gal Gosta em seu álbum de 1970, *Legal*. O título da marchinha de Carnaval foi inspirado no álbum *Let It Bleed* (1969), da banda inglesa The Rolling Stones, e que, por sua vez, brincava com *Let It Be*, o derradeiro disco que o quarteto de Liverpool lançou como The Beatles.

grias, tristezas e brinco") são metaforizadas na menção às partes que compõem um barracão: "É a mesma porta sem trinco, o mesmo teto / e a mesma Lua a furar nosso zinco".

Os versos de Caetano Veloso se referem a "Chão de Estrelas", de Orestes Barbosa e Sílvio Caldas: "a porta do barraco era sem trinco / e a lua furando nosso zinco / salpicava de estrelas o nosso chão" – porém sem a visão idílica da precariedade e mais coerente com o "Barracão" da canção de Antônio de Pádua Vieira Costa e Oldemar Teixeira de Magalhães. Gravada por Elizeth Cardoso, o barracão de zinco pendurado no morro pede socorro ao mesmo tempo em que é uma "tradição do meu país". A menção é reveladora, pois funciona em chave metalinguística. O Tropicalismo teve como um de seus principais procedimentos estéticos o tensionamento entre aspectos modernos e arcaicos da cultura brasileira. O movimento inclusive acabou por tomar de empréstimo o nome da instalação de Hélio Oiticica, que consistia num caminho tortuoso ladeado por plantas tropicais, conduzindo a um barraco, cujo centro era ocupado por uma televisão permanentemente ligada. De fato, o mesmo caminho que conduz aos becos não resolvidos da modernização reacionária adotada pelos militares, também desemboca na prática do autoritarismo e do poder do mais forte.

Hélio Oiticica expôs na Whitechapel Gallery em Londres, no ano de 1969, uma variação de sua obra *Tropicália*. A nova instalação, cujo nome era *Caetano-Gil*, substituía a televisão sempre ligada por canções dos compositores baianos, que tocavam incessantemente, fazendo com que a voz de ambos ecoasse pela instalação. Por meio dessa substituição, Oiticica atualizou o gesto de sua obra inicial, fazendo com que a voz dos tropicalistas operasse feito um coração moderno a pulsar no centro do elemento arcaico, numa exposição ocorrida justamente no local do exílio de ambos. Trata-se de um dos desdobramentos do "momento tropicalista", como descrito por Flora Süssekind. A pesquisadora assinala que, por meio das canções e da voz gravada de Gil e Caetano, ficava sublinhada "a inevitável volatilização da perspectiva coral que definira o momento tropicalista no Brasil (1997, p. 56). Para Paulo Henriques Britto, é naquele período que começam a aparecer, no âmbito da música popular brasileira, um "punhado de canções que evocam um clima *noir* de desesperança e vazio" (2003, p. 6), cujo ápice teria ocorrido durante o governo do general Emílio Garrastazu Médici (1969-1974).

Ralph Mace e a produção de Caetano Veloso (1971)

Enquanto Gil e Caetano não sabiam o que fazer em Londres, André Midani, presidente da Philips do Brasil, gravadora dos compositores baianos, enviava cartas de recomendação ao braço inglês da empresa em Londres. Caetano menciona em *Verdade Tropical* que "não esperava – na verdade, sequer desejava – que eles dessem atenção a esses pedidos. Temia que alguém me chamasse para gravar alguma coisa e eu passasse vergonha. No Brasil, os produtores não me permitiam sequer tocar violão em meus próprios discos – e eu lhes dava razão" (2017, p. 421).

Caetano e Gil já tinham feito uma apresentação em Londres, no Royal Festival Hall, em março de 1970, acompanhados de uma banda local, a Nucleous. No show, os artistas apresentaram suas primeiras composições em inglês, mas tiveram uma recepção pouco entusiasmada da crítica especializada local. Gal Costa e José Carlos Capinam, que estavam visitando os baianos, assistiram ao show, cujo maior sucesso foi a interpretação de Caetano para "Asa Branca", de Luiz Gonzaga e Humberto Teixeira, que seria gravada no primeiro álbum londrino.

Ralph Mace[21] foi o homem que tornou possível os dis-

---

[21] Ralph Mace tinha trabalhado com artistas ingleses conhecidos, como David Bowie. No dia da morte de Bowie, em 14 de janeiro de 2016, Caetano comentou numa postagem de sua página oficial na rede Instagram: "Bowie e eu nos encontramos, de modo breve e pouco significativo para ambos. Ralph Mace, o produtor dos meus dois discos londrinos (e que tinha colaborado com Bowie), quis aproximar-me dele: cria que eu devia colaborar com seu trabalho. Levou-me para ver um show dele na Round House e depois nos apresentou no camarim. Eu não tinha gostado do show. Isso deve ter sido em 1970. Sendo de uma geração que se empolgara com o clima contracultural dos anos 1960, eu achava o corte de cabelo dele um prenúncio da adesão dos locutores de noticiários televisivos à rebeldia hippie. Eu gostava dos discos dos Beatles e dos shows dos Rolling Stones. Mick Jagger criava um clima de

cos londrinos de Caetano Veloso e Gilberto Gil. Ex-funcionário da Philips inglesa, Mace tinha se tornado diretor artístico da Famous Music e se interessou em conhecer as composições dos músicos baianos. O diretor artístico os visitou, gostou do que viu e ouviu e propôs a ambos a gravação de seus respectivos discos. Em entrevista concedida para essa pesquisa, Caetano Veloso relatou o encontro:

> Perto do fim do primeiro ano de exílio, um produtor musical chamado Ralph Mace apareceu lá na casa onde vivíamos, Dedé e eu, Sandra e Gil, mais Guilherme Araújo. Esse produtor tinha trabalhado na Philips e sabia que estávamos refugiados na cidade. Na Philips ninguém queria nem saber de nós, mas Ralph, que saíra dessa gravadora para trabalhar num selo novo chamado Famous, pertencente à Paramount, ficou curioso. Ele nos pediu para cantar. Claro que eu sabia que Gil impressionaria. Mas de mim eu não esperava nada. Mace, no entanto, gostou igualmente dos dois e pediu canções em inglês.

transformação do mundo em comunhão com a plateia. Bowie esboçava uma estilização intencional que, no entanto, era, aos meus olhos, pouco rigorosa. Vi muitas coisas que cresceram nos anos 70 dessa maneira. Por outro lado, toda a dialética do pop, que me interessava, ficava abaixo do significado que o Brasil ganhava para mim. Há a questão geracional: pessoas 10 anos mais novas do que eu se sentiram liberadas pelo estilo de Bowie. Eu me liberara com Jorge Ben, John Lennon e Mick Jagger – além das experiências próprias nossas dos tropicalistas de 1967. Bowie parecia ter surgido para me prender de novo a convenções de palco-e-plateia. Ou seja: perdi o bonde de Bowie. Décadas depois é que admiti a grandeza histórica do artista que ele chegou a ser".

Além de devolver a Caetano o ânimo de fazer música, Mace também foi fundamental em encorajá-lo a tocar violão em seus próprios discos. Sobre isso, o compositor declarou: "A maior contribuição da Inglaterra para minha formação musical, no entanto, foi a aceitação, por parte de produtores e ouvintes, do meu modo de tocar violão" (VELOSO, 2017, p.429). Caetano entendeu sua própria maneira de tocar e passou a gravar e a se acompanhar ao vivo com o instrumento. Em depoimento a Márcia Cezimbra, do *Jornal do Brasil*, ele chegou a afirmar que "se eu não tivesse sido preso e exilado, talvez nunca tocasse violão num disco" (id.,1991, p. 4).

As canções de Caetano Veloso (1971)

A produção musical de Ralph Mace e Lou Reizner no primeiro disco de Caetano Veloso gravado no exílio evidencia, na sonoridade, nos arranjos e na instrumentação, alguns traços característicos da cena musical inglesa daquele período. Ainda que o ano de 1970 fosse o início do ocaso da efervescência cultural e psicodélica que tornou a capital inglesa conhecida no mundo durante os anos de 1960 como Swinging London, a música de *Caetano Veloso* (1971) dialoga estilisticamente com o pop-rock inglês do fim daquela década. As canções se assemelham ao folk jazzístico do grupo Traffic, cujo baterista, Jim Capaldi, se tornara amigo de Gilberto Gil[22] em Londres, ou ainda, à fase folk psicodélica de David Bowie do álbum *Space Oddity* (1969).

Mace e Reizner formataram o som de Caetano Veloso dentro dos parâmetros da música comercial inglesa daquele período, demonstrando visão de mercado para situar Caetano na cena local. Outra marca das composições do disco é a inflexão *bluesy* na sonoridade das canções, característica da cena musical da Londres psicodélica, com sua profusão de acordes com sétima ou sétima e nona e o emprego da cadência harmônica de tônica, subdominante e dominante (I-IV-V) que caracteriza a forma tradicional do blues de 12 compassos. Tudo isso à inglesa, ou seja, utilizando elementos do blues sem se ater fixamente às regras do gênero, a fim de criar uma atmosfera psicodélica ou intimista.

---

22 Gilberto Gil gravou em Londres a canção "Can't Find My Way Home," escrita pelo vocalista do Traffic, Steve Winwood, quando tocava no grupo *Blind Faith*. Gil afirmou, em depoimento a Geneton Moraes Neto no documentário *Canções do Exílio: A Labareda Que Lambeu Tudo*, que a música era sua canção do exílio por excelência, devido aos versos "Well, I'm near the end / And I just ain't got the time / Well, I'm wasted / And I can't find my way home" ("Bom, estou perto do fim / E não tenho tempo / Bem, estou perdido / E não consigo encontrar o caminho de casa"). Blind Faith, o nome do supergrupo inglês formado pelo tecladista e vocalista Winwood, pelo baixista Ric Grech e pelos ex-integrantes do Cream, o guitarrista Eric Clapton e o baterista Ginger Baker, teria outra inserção na música popular brasileira, inspirando o título da canção "Fé Cega, Faca Amolada", de Ronaldo Bastos e Milton Nascimento, gravada pelo compositor mineiro em seu álbum *Minas* (1975).

Os arranjos tropicalistas dos maestros do movimento de vanguarda Música Nova, Damiano Cozzella e Júlio Medaglia, que trabalharam no primeiro disco solo de Caetano Veloso, e de Rogério Duprat, que arranjou os discos *Tropicália ou Panis et Circencis* e *Caetano Veloso* (1969), são substituídos pelo folk jazz inglês e sua instrumentação econômica. Guitarra base, contrabaixo e bateria se articulam de maneira livre, muitas vezes improvisando ao redor da voz de Caetano Veloso, que é o centro de força gravitacional do disco. Os instrumentos orbitam ao redor da voz, que é responsável por conduzir a dinâmica e produzir a ambiência de cada uma das canções. Para compreender esse álbum é necessário, sobretudo, ouvir o canto de Caetano, pois a colocação da voz tem uma intenção específica em cada faixa do disco. A voz e o violão do compositor trazem elementos marcantes de música nordestina, fazendo o Brasil emergir da atmosfera enevoada do disco em inglês. É curioso notar as soluções rítmicas que a banda inglesa que acompanha o músico brasileiro procura imprimir nas músicas. Aquilo que tende ao jazz, em algumas canções, facilmente se torna bossa nova quando Caetano assume o violão, evidenciando a presença do Brasil na sonoridade de seu instrumento. Aqui e ali, ocorrem inserções de arranjos de cordas, percussão e flauta, mas o palco sonoro do álbum mostra que há muitos espaços não preenchidos, produzindo efeitos de intimismo, silêncio, introspecção e tristeza.

O álbum tem por abertura "A Little More Blue", na qual a voz de Caetano se antecipa à entrada da instrumentação composta por guitarra, contrabaixo e bateria. Os versos em inglês estão estruturados ao redor dos acordes de Dó com sétima e nona, Si bemol com sétima e nona, Sol e Fá executados em arpejos descendentes da guitarra base. A sequência de acordes gera tensão e instabilidade na música, devido ao efeito de dissonância que encontra poucos pontos de repouso na canção. "One day I had to leave my country / Calm beach and palm tree / That day I couldn't even cry / And I forgot that outside there would be other men", canta Caetano, antes de embarcar em uma estrofe repetitiva: "But today, but today, but today, I don't know why / I feel a little more blue than then / I feel a little more blue than then / I feel a little more blue than then / I feel a little more blue than then"[23] (VELOSO, 1971, faixa 1, lado A).

O sujeito da canção rememora, no idioma estrangeiro, fatos que remetem à prisão e ao exílio do compositor baiano. João Camillo Penna sublinha, em *O Tropo Tropicalista*, a

---

[23] Um dia eu tive que deixar meu país / Praia calma e palmeira / Nesse dia eu não pude nem mesmo chorar / E esqueci que lá fora havia outros homens / Mas hoje, mas hoje, mas hoje, eu não sei por que / Eu me sinto um pouco mais triste do que então / Eu me sinto um pouco mais triste do que então / Eu me sinto um pouco mais triste do que então / Eu me sinto um pouco mais triste do que então.

metonímia "praia calma e palmeira" para se referir ao "meu país", cujo efeito metalinguístico é repor a "Canção do Exílio" de Gonçalves Dias na nova canção do exílio escrita por Veloso. Penna ainda observa as anáforas que marcam a distância e a indistinção temporal sobre quando ocorreram os acontecimentos rememorados na canção – "one day/that day/one morning/one night" (2017, p. 39). As lágrimas, que não puderam ser derramadas naquele dia, voltam no dia de hoje, na preparação para o refrão executada pela guitarra base numa progressão de acordes descendentes de Dó com sétima e nona, Si bemol com sétima e nona, Lá menor com sétima e Ré com sétima, cujas pausas acentuam a palavra "today", deixando o hoje em suspensão, assim como o sujeito da canção, que desconhece o porquê da intensidade atual de sua tristeza ("I don't know why") ("Eu não sei por que") e que desembocam no refrão "I feel a little more blue than then" ("Eu me sinto um pouco mais triste do que então"). Nesse momento, ao falar do presente, a progressão dos acordes de guitarra torna-se ascendente, partindo da nota Dó, para então Si bemol, Dó e Dó sustenido. Esse movimento fornece um índice de leitura interessante para a compreensão da canção, pois justamente as palavras "blue" e "then" são acentuadas, respectivamente, nas notas Dó e Dó sustenido, como se a rememoração do *então* atualizasse a *tristeza* no momento presente.

Todo o sentimento *blue* recai sobre a dissonância do acorde de Dó sustenido, que aponta para o passado, a fonte da dor no presente. Na segunda vez em que Caetano entoa o verso do refrão – que tem quatro repetições a cada vez que o refrão é cantado –, a progressão de acordes descreve o mesmo movimento harmônico, porém substituindo a dissonância pelo acorde de Sol maior, como se o cantor recobrasse o fôlego para, mais uma vez, fazer a ascensão dos versos até o acorde mais tenso, que recai sobre o advérbio de tempo. A cada vez que o refrão é entoado, Caetano Veloso explora modulações vocais[24] que expressam uma variada gama de sentimentos, tais como dor, raiva, tristeza e revolta, levando seu canto ao limite de um choro que não pôde ser vivido no dia em que o sujeito da canção teve de deixar seu país. A primeira estrofe se conecta narrativamente com a terceira, na qual o sujeito da canção relata a manhã em que foi preso e o modo como ele sorriu e disse "alright". João Camillo Penna destaca como essa aparente "afirmação existencial possível diante da violência policial imposta" ecoa outras expressões similares como "and I agree" ("e eu concordo"), "its ok" ("tudo bem"), ou "I came around to say yes" ("vim para dizer sim") que apare-

---

24 Tais modulações vocais são chamadas por Luiz Tatit de *passionalização*, como veremos de maneira mais detida na análise da canção "In the Hot Sun of a Christmas Day".

cem em "London, London" (ibid., p. 39). O verso seguinte mostra o desfecho da prisão, na qual o sujeito da canção chora aflito, naquela noite, sozinho em sua cela.

Na segunda estrofe, o sujeito da canção rememora o dia da morte de Carmem Miranda, que foi um ícone para os tropicalistas. Na foto divulgada na capa da revista, a cantora portuguesa sorria morta, de batom vermelho. As pessoas choravam e o sujeito da canção tinha cerca de 10 anos. A temática do ídolo morto e sorridente na capa da revista evoca o episódio descrito na crônica escrita para o *Pasquim* sobre a morte de Marighella, na qual Caetano afirma que também estava morto. Nessa estrofe da canção, a situação é reatualizada na memória de Carmem Miranda morta e sorridente na capa da revista. Em *Verdade Tropical*, Caetano afirma que a cantora era "um emblema tropicalista, um signo sobrecarregado de afetos contraditórios" (2017, p. 279). De fato, com dez anos de idade, o sujeito da canção já sabia o que a maioria pareceu desconhecer no episódio da *Fatos & Fotos* que era possível que os mortos pudessem sorrir em capas de revista.

A quarta estrofe da canção descreve uma cena do filme mexicano *Ansiedade* (1953), um melodrama estrelado pela atriz Libertad Lamarque, razão pela qual a canção sofreu um corte grosseiro da censura quando o disco saiu no Brasil. Em depoimento a Charles Gavin e Luís Pimentel, Caetano relata o fato: "Tiraram trechos inteiros, porque os censores aqui ouviram expressões que eu não disse. Quando falo Libertad Lamarque, que era uma atriz argentina, eles pensam que eu estava pedindo 'liberdade para Lamarca'" (VELOSO, 2002, p. 32-33). A estrofe é a descrição da cena de um filme, na qual a mãe se entrepõe entre dois irmãos rivais que tentam se matar e acaba por receber as duas balas, morrendo de braços abertos, sem um suspiro sequer.

Na última estrofe, o sujeito da canção conta o dia em que perdeu o último metrô e, olhando ao redor, se sentiu mais triste do que então. Perder o trem, ser deixado para trás, perdido e triste, de certo modo, sumariza o destino do sujeito da canção, que foi preso e exilado e reaparece nas duplicações de cenas das mulheres mortas: Carmem Miranda que, como ícone do Tropicalismo, pode ser lida com um duplo de Caetano Veloso, e a personagem do filme mexicano, cuja menção causou o corte feito pelos censores após o disco ser lançado no Brasil. É importante destacar que a única versão disponível hoje em disco de vinil, *compact disc* (CD) ou nos diversos tocadores de *streaming* é a censurada, que, por isso, é a analisada nesta pesquisa.

"A Little More Blue" e suas dissonâncias que remetem ao blues e ao jazz, além de à capa fria e azulada do álbum, abre o disco dando o tom da temática do conjunto de canções que o compõem. A aparente rememoração distanciada de fatos ocorridos em outro tempo e outro país é objeto do afeto do sujeito cancional, por isso, explorada no refrão, que se repete *ad libitum* até a canção desaparecer em *fade out*. No final, Caetano Veloso modula a voz de uma maneira que se tornou a marca vocal nesse álbum, produzindo uma vocalização que parece mastigar as vogais, fazendo de sua voz um instrumento. O recurso aparece mais destacado nas canções "Maria Bethânia" e "Asa Branca"[25]. A dinâmica da canção é conduzida pela interpretação de Caetano Veloso, que rege a intensidade da banda com seu modo de cantar. A relativa liberdade com que os instrumentos improvisam em torno de sua voz funciona como um arranjo que comenta as descrições da letra.

A canção, semelhante a outras no mesmo álbum, inaugura um exercício de rememoração e elaboração não realizado por Caetano Veloso até então, pelo menos não de maneira tão direta. A respeito da função da narração da experiência no trabalho de luto dos exilados, Beatriz Sarlo assinala que:

---

[25] Segundo nos informou o Prof. Dr. Roberto Bozzetti (UFRRJ), durante a sessão de defesa da dissertação de mestrado que originou esse livro, o tipo de vocalise que Caetano Veloso realizou em "Asa Branca" e "Maria Bethânia" é um melisma típico dos repentes em sextilhas do Nordeste, que se assemelha ao que os cantadores comumente chamam de *gemedeira*. Para isso, ver PROENÇA. Manuel Cavalcanti. *Literatura Popular em Verso*: Antologia. Belo Horizonte: Itatiaia, 1986.

> A narração da experiência está unida ao corpo e à voz, a uma presença real do sujeito na cena do passado. Não há testemunho sem experiência, mas tampouco há experiência sem narração: a linguagem liberta o aspecto mudo da experiência, redime-a de seu imediatismo ou de seu esquecimento e a transforma no comunicável, isto é, no comum. A narração inscreve a experiência numa temporalidade que não é a de seu acontecer (ameaçado desde seu próprio começo pela passagem do tempo e pelo irrepetível), mas a de sua lembrança. A narração também funda uma temporalidade, que a cada repetição e a cada variante torna a se atualizar (2007, p. 24-25).

Passados o choque da experiência e a constatação do que Caetano Veloso classificou em sua crônica sobre Marighella como aniquilamento, o compositor, que se dizia morto naquele momento, faz um movimento de afirmação de sua vitalidade. Assim, compõe um conjunto de canções cujo tema central é o exílio, de acordo com a classificação de Paloma Vidal sobre a produção artística impulsionada pela expatriação

Toda tensão harmônica não resolvida em "A Little More Blue" encontra distensão na toada "London, London". Esse gênero musical se caracteriza, em geral, por ser melodioso e narrativo, estruturado por estrofes que se alternam com o refrão e cantado de modo cadenciado.

Surgida no meio rural, a toada se notabiliza nas cidades, no início do século XX, sendo "Luar do Sertão", do compositor Catulo da Paixão Cearense (1863-1943), um expoente do gênero. O sujeito dessa canção rememora, na cidade, a falta que sente da beleza do "luar de sua terra"[26]. O sentimento de nostalgia, suscitado pelas saudades de casa, encontra eco na composição de Caetano Veloso.

O primeiro indício do nascimento da canção está também na crônica do *Pasquim* sobre Marighella. Caetano escreveu na ocasião:

> Hoje eu fui à aula de inglês e Mr. Lee me ensinou a usar o *direct speech* em lugar do *reported speech*. Depois da aula, King's Road estava uma beleza sob uma chuva fria e crônica. *Eu atravesso as ruas sem medo, pois eu sei que eles são educados e deixam o caminho livre para eu passar. Mas eu não estou aqui e não tenho nada com isso* (VELOSO, 2005, p. 318. Grifos nossos).

O trecho destacado aparece retrabalhado na canção: "I cross the streets without fear / everybody keeps the way clear / I know, I know no one here to say hello" ("Cruzo as ruas sem medo / todo mundo deixa o caminho livre /

---

26 TOADA. In: ENCICLOPÉDIA Itaú Cultural de Arte e Cultura Brasileira. São Paulo: Itaú Cultural, 2021.

Eu sei, sei que não conheço ninguém aqui pra dizer 'olá'") (VELOSO, 1971, faixa 2). Esse último verso substitui a aparente indiferença do "eu não estou aqui e não tenho nada com isso" para "eu não conheço ninguém aqui para dizer olá".

Antonio Carlos Secchin (2018, s/p) aponta a semelhança entre os versos de abertura de "London, London" e "Alegria, Alegria", cujo título também duplica o substantivo. O sujeito da canção vaga por Londres sem ter para onde ir, do mesmo modo que caminhara "sem lenço, sem documento" na outra canção. No entanto, o sol de quase dezembro é aqui substituído pela paisagem chuvosa, triste, porém bela, da capital inglesa, com seus gramados verdes e céu azul.

A ideia do "wandering round and round," o andar a esmo, é trabalhada na própria estrutura de versos da canção: "I'm wandering round and round nowhere to go / I'm lonely in London, London is lovely so / I cross the streets without fear / Everybody keeps the way clear / I know, I know no one here to say hello"[27] (VELOSO, 1971, faixa 2, lado A).

Caetano Veloso reforça a ideia de perambulação vaga e sem destino, trabalhando com as díades – "round and

---

27 Estou vagando, dando umas voltas, sem direção / Estou solitário em Londres, Londres é adorável assim / Cruzo as ruas sem medo / Todo mundo deixa o caminho livre / Eu sei, sei que não conheço ninguém aqui para dizer "olá".

round", "London, London", "I know, I know" –, além de repetir os dois primeiros versos da canção, invertidos nos dois últimos de cada estrofe. Assim, os versos "I'm wandering **round and round** nowhere to go / I'm lonely in **London, London** is lovely so" fecham a estrofe como "I am lonely in London without fear / I'm wandering round and round here nowhere to go". Se no primeiro verso, Londres é "lovely", um dos adjetivos mais usados pelos ingleses para designar algo aprazível, Caetano Veloso, ao repetir o verso no final da estrofe, substitui "lovely" por "without fear," inserindo uma distensão também na letra. Londres é um lugar aprazível porque o sujeito da canção pode caminhar por suas ruas sem medo, ao contrário da canção anterior, cujos versos apresentavam situações de sequestro amedrontadoras que produziam tristeza no presente do sujeito da canção de "A Little More Blue".

A instrumentação de "London, London" é bastante simples e, novamente, a voz do cantor inicia a canção antes dos demais instrumentos, com dicção límpida e voz comedida, reproduzindo o mesmo zelo com que os londrinos e o sujeito da canção transitam pelas ruas da capital inglesa. Caetano Veloso canta acompanhado do violão com cordas de nylon, dando movimento à descrição do passeio por Londres com a variação dos baixos do instrumento ao longo da música. A banda se completa com violão de cordas de aço, flauta e percussão, bem ao modo do som hippie acústico da juventude dos anos de 1960 que fez o *drop out*, deixando o conforto da vida burguesa para "cair na estrada" em busca de formas alternativas de convívio comunitário. No entanto, o sujeito da canção que vaga pelas ruas de Londres, observando à distância e emulando a frieza educada dos londrinos, não está ali porque escolheu, como ilustram os versos "I just happen to be here and it's ok" ("Eu calhei de estar aqui e está tudo bem"), ecoando a mencionada primeira crônica do compositor para o *Pasquim*: "eu agora também vou bem, obrigado. Obrigado a ver outras paisagens, senão melhores, pelo menos mais clássicas e, de qualquer forma, outras" (VELOSO, 2005, p. 328). Diante do tom melancólico que evidencia desenraizamento, resta ao sujeito da canção olhar para o céu em busca de discos voadores.

Joseph Brodsky em *Sobre o Exílio* comenta que: "O exílio nos conduz, da noite para o dia, àquele lugar que normalmente levaríamos uma vida inteira para alcançar". Ainda, sobre a experiência de ser um exilado: "é como ser um homem lançado ao espaço dentro de uma cápsula [...]. E a cápsula é a língua. Para completar a metáfora, acrescente-se que o tripulante não demora muito para descobrir que a cápsula gravita não rumo à Terra, mas rumo ao espaço sideral" (BRODSKY, 2016, p.34). A afirmação de Brodsky aponta para o caráter de duplicidade do exílio, em suas facetas geográfica e linguística. Caetano teceu o seguinte comentário sobre esse excerto de Brodsky em entrevista concedida especificamente para esta pesquisa:

> Fiquei comovido aqui ao ler as palavras de Brodsky. Essa sensação de estar na cápsula da língua, lançado fora do mundo, é a essência do exílio. Eu me lembro de o assunto "disco voador" ser muito frequente no Brasil, em muitas conversas, na imprensa, em meio a amigos contraculturais ou sebastianistas – e totalmente ausente em Londres. Entre os ingleses, digo. Esse procurar discos voadores nos céus era querer estar no Brasil. Eu nem gostava de disco voador, nem de coisas que falassem do que não é desta Terra. Mas a Terra[28] era o Brasil. Em Londres eu me sentia em outro planeta. Nunca imaginei viver fora.

Enquanto os olhos do sujeito da canção não encontram os "discos voadores", ele é suplantado pelo tempo que passa rapidamente. Os dias tornam-se estações do ano – o outono, estação crepuscular que antecede a escuridão do inverno no

---

28 Caetano Veloso escreveu outra canção inspirada por sua experiência na prisão: "Terra", do álbum *Muito (Dentro da Estrela Azulada)*, de 1978, cujos versos "Terra, Terra / por mais distante / o errante navegante quem jamais te esqueceria?" dialogam com as observações de Caetano Veloso na entrevista.

hemisfério norte –, ao passo que os ingleses se apressam com tranquilidade, dentro do tempo cotidiano de seu próprio país: "Oh Sunday, Monday, Autumn pass by me / and people hurry on so peacefully" ("Domingo, segunda e o outono se vão / E as pessoas se apressam tão tranquilamente"). Os versos marcam também a alteração da percepção temporal provocada pelo exílio – a experiência de estar fora do tempo compartilhado socialmente em terra estrangeira. Além disso, nos versos seguintes, explicita-se o não pertencimento do exilado. Na cena descrita, são os outros que falam, o sujeito da canção apenas observa a cena, à distância.

O fecho da estrofe é o mais melancólico, na qual o sujeito da canção concorda que é bom viver em paz, ainda que tenha que se resignar diante da possibilidade dos dias se tornarem anos longe de sua terra natal: "and I agree". Característico da música tonal, a instabilidade dos acordes de Lá com sétima em "pleased to please them", preparação para o Ré menor com sétima ("It's good at least to"), seguida do acorde de Sol ("live and") tensionam para que chegue ao repouso do acorde de Dó, que incide justamente sobre o "I agree" — a anuência resignada do exilado — dando o tom da composição. A arbitrariedade que levou o sujeito da canção a essa posição de alteridade radical – ser estrangeiro –, sem direito de escolher o retorno, só abre a possibilidade de seguir buscando nos céus o objeto de desejo que está fora do mundo do exilado – sua terra de origem, sua língua materna. Na estrofe seguinte, os versos evidenciam a arbitrariedade que conduziu o sujeito da canção até ali: "I choose no face to look at / Choose no way / I just happen to be here / And it's okay" ("Não escolho nenhum rosto para olhar / Não escolho caminho / Eu simplesmente estou aqui / E está tudo bem") (VELOSO, 1971, faixa 2, lado A).

A aparente indiferença das afirmações, que se assemelham àquelas das crônicas do *Pasquim*, neste ponto da canção, sumarizam a resignação entristecida do sujeito cancional, que, uma vez não tendo escolhido estar em Londres, acaba por isso não escolhendo também nenhum caminho. Ele apenas está ali e tudo bem. Sua experiência é sintetizada na canção pelo vagar a esmo, sem ter para onde ir, como um passageiro que observa de fora – do tempo, da terra, da língua, em estado de não pertencimento. Na última estrofe da canção, o compositor produz, metonimicamente, uma síntese imagética de Londres e seus habitantes, fazendo uso de aliterações e definindo a experiência do exílio nos dois versos finais, nos quais, mesmo resignado, o sujeito da canção continua a procurar por seu lugar de origem no céu entoado no refrão: "Green grass, blue eyes, gray sky, God bless / Silent pain and happiness / I came around to say yes, and I say" (ibid.id.).

Na tradução do poeta Antonio Cicero (apud SECCHIN, 2018, s/p): "Grama verde, olhos azuis, céu cinza, Deus abençoe / dor silenciosa e felicidade / eu vim para dizer sim, e digo / Mas meus olhos / Procuram discos voadores lá no céu". O arranjo musical do refrão, com coro e flauta, confere sonoridade pop à canção, que é entoada *ad libitum* até desaparecer em *fade out*. Além disso, Caetano Veloso produz musicalidade na letra em inglês, fazendo uso de aliterações em versos como "I'm lonely in London, London is lovely so[29]", "know no one", "pleased to please", "least to live", "policemen/peacefully", ou ainda, nas rimas "fear/clear'. O verso "silent pain and happiness" sintetiza os traços da harmonia que compõem a canção melancólica, alternando momentos de tensão e distensão.

"Maria Bethânia", a canção que encerra o lado A do álbum, é um exercício cancional no limite entre a linguagem pop e a experimentação vocal de Caetano, que encontrou sua máxima expressão na última faixa do disco, "Asa Branca". A canção se inicia com um *riff* de contrabaixo e uma percussão, que pode ter sido gravada por Caetano Veloso. No livreto *Tantas Canções*, Caetano informa que "meu violão está inteiro nesse disco, toco em 'Asa Branca', 'Maria

---

[29] O verso tem o som muito parecido com o do refrão de "It's a Long Way", no qual Caetano brinca com o som e o sentido da palavra *long*, por meio do alongamento da vogal "o" e a repetição rítmica da palavra em inglês.

Bethânia' e 'London, London'. Batuco também" (2002, p. 35). Em seguida, o violão de Caetano Veloso percute ritmicamente o acorde de Ré com sétima, em *ostinato* – frase musical ou padrão rítmico que é persistentemente repetido na mesma altura – sobre o qual os dois primeiros e dois últimos versos de cada estrofe serão entoados, duas vezes cada par. A distensão harmônica acontece na transição para o acorde de Sol, que incide sempre sobre os versos 3, 4 e 5 de cada uma das estrofes compostas por sete versos, para então retomar rapidamente o *ostinato* no acorde de Ré com sétima, até o relaxamento lírico do refrão, composto pelos acordes de Si menor e Mi, adornados pelo arranjo do quarteto de cordas[30] que emoldura os versos bilíngues de Caetano Veloso.

As irmãs de Caetano Veloso têm lugar de destaque no segmento de seu cancioneiro que tematiza suas experiências de prisão e exílio. Se em "Irene" o desejo era de retornar para o som de sua risada, em "Maria Bethânia" o sujeito da canção pede gentilmente que a irmã lhe escreva uma carta, pois deseja saber que as coisas estão melhorando. O compositor habilidosamente transforma o som da repetição de "better" em Bethânia, unindo o sentido das

---

[30] No livreto *Tantas Canções*, Caetano Veloso menciona que o quarteto de cordas sugerido pelos produtores era o mesmo que havia participado das gravações de "Eleanor Rigby", canção de Lennon & McCartney lançada no álbum *Revolver* (1966) pelo grupo The Beatles.

duas palavras. "Everybody knows that our cities / Were built to be destroyed / You get annoyed / You buy a flat / You hide behind the mat / But I know she was born / To do everything wrong with all of that", canta Caetano: "Everybody knows that it's so hard / To dig and get to the root / You eat the fruit / You go ahead / You wake up on your bed / But I love her face 'cause / It has nothing to do with all I said"[31] (VELOSO, 1971, faixa 3, lado A).

Na letra da canção, os dois últimos versos de cada estrofe sempre se referem à irmã de Caetano Veloso. Se todos sabem que as cidades foram feitas para serem destruídas, Maria Bethânia é descrita como aquela que nasceu para desarranjar tudo o que foi descrito antes pelo sujeito da canção: ficar irritado, comprar um apartamento, se esconder debaixo do tapete. Na segunda estrofe, a irmã é apresentada como aquela que deu a alma ao diabo, mas esse a devolveu para Deus, antes do dilúvio, depois do sangue. Um dos sentidos metafóricos possíveis para "diabo" nesse contexto é a própria indústria fonográfica, já que, ao entregar a alma ao diabo, ela comprou um apartamento à beira-mar. Na última estrofe, o sujeito da canção afirma que todos sabem como é difícil

---

[31] Todo mundo sabe que nossas cidades / Foram construídas para serem destruídas / Você se irritou / Você compra um flat / Você se esconde por trás da esteira / Mas eu sei que ela nasceu / Para fazer tudo errado com tudo isso (...) Todo mundo sabe que é muito difícil / Cavar e encontrar a raiz / Você come a fruta / Você segue em frente / Você acorda na sua cama / Mas eu amo o seu rosto / Porque não há nada para fazer com tudo isso que eu disse.

cavar até a raiz das coisas. Os versos seguintes – "você come a fruta, você segue em frente e acorda em sua cama" –, considerados em conjunto com os da estrofe anterior, assumem contornos bíblicos. O sujeito da canção é aquele que provou o fruto proibido e seguiu em frente, enquanto a irmã teve a alma devolvida pelo diabo a Deus, antes do dilúvio. Há inúmeras cidades destruídas na bíblia hebraica, como Jerusalém, Sodoma e Gomorra, entre outras. O sujeito da canção encerra a estrofe afirmando que ama Maria Bethânia porque ela não tem nada a ver com o que ele disse, mas pede a ela uma carta, em que tudo esteja better/Bethânia.

O sujeito da canção não pode retornar, nem olhar para trás, para as cidades destruídas – se tornaria uma estátua de sal como a esposa de Ló? –, mas pode pedir boas notícias à irmã destemida, porque ela nasceu para desarranjar todas as regras, embaralhar o bem e o mal e ser preservada, antes do dilúvio, depois do sangue derramado. De fato, parece uma espécie de anjo que transita entre polos opostos. Na coda da canção, Caetano Veloso executa um improviso vocal em cima do *ostinato* em Ré com sétima, como se duelasse com o quarteto de cordas. Sua *performance* vocal se assemelha à mesma executada em "Asa Branca", ao evocar o canto dos repentistas nordestinos, no qual a voz é, simultaneamente, canto e instrumento, sugerindo um mascar de sílabas. Note-se que a censura brasileira também fez cortes nessa canção, provavelmente, porque compreenderam supostos significados ocultos nessa massa de palavras "mascadas", entoadas como que pelo fole de um instrumento, meio corpo, meio sanfona. A canção termina com a marcação do contrabaixo cada vez mais lenta até sua pausa completa.

O lado B abre com "If You Hold a Stone", balada que homenageia a obra *Ar e Pedra* (1966) de Lygia Clark. A canção foi composta depois de Caetano Veloso visitar a artista visual em sua residência na capital francesa. Em entrevista concedida para esta pesquisa, Caetano Veloso fala sobre o encontro:

> Depois fui a Paris e encontrei Lygia Clark. Ela era impressionante. Fez uma mesa de chão, de piquenique, com uma garrafa de Coca-Cola vazia tendo uma rosa de plástico enfiada: "Homenagem a vocês, tropicalistas, que são românticos". Ela era "clássica": só trabalhava com os aspectos atemporais das formas. Foi muita coisa maluca e boa nesse tempo.

Composta pelos versos "If you hold a stone / hold it in your hand / if you feel the weight / you'll never be late / to understand" ("Se você segurar uma pedra / Segure na sua mão / Se você sentir o peso / Nunca será tarde

/ Para entender") repetidos como um mantra, a canção apresenta a interpretação mais segura de Caetano Veloso em todo o álbum. Nela, o cantor explora registros vocais em diferentes alturas, expressando assim, diferentes matizes de emoção ao longo da canção. Novamente, a voz entra antes do violão de doze cordas de aço, que serve de base para a balada totalmente composta dos acordes maiores Sol, Ré, Lá, Sol, Ré. O contrabaixo entra na segunda vez em que Caetano Veloso entoa os versos, com a mesma dinâmica de improvisação livre já descrita em "A Little More Blue". Na terceira vez em que os versos são cantados, é a vez da bateria, com a marcação firme característica das baladas de rock.

Em um disco que claramente traz referências estéticas do pop-rock inglês do período – sobretudo do som do grupo The Beatles – destaca-se a escolha dos produtores em substituir a função que comumente é desempenhada pela guitarra solo ou pelo teclado, optando por um contrabaixo bastante proeminente para fazer tanto a base rítmica como improvisar em diálogo com o canto. Um dos momentos mais pungentes do disco, juntamente de "Asa Branca", "If You Hold a Stone" congrega elementos musicais que imprimem uma dinâmica cada vez mais intensa à canção – crescente a cada volta completa de seus versos – ao modo da famosa coda de "Hey Jude". Nas duas canções, estão presentes o coro de vozes, as palmas, a interpretação vocal, que improvisa melodicamente com a repetição *ad libitum* dos versos sobre a base instrumental, e a intensidade da execução da banda, que a cada volta imprime mais volume e dramaticidade à canção. Bateria, contrabaixo e flauta improvisam sobre a base do violão e do coro composto por amigos brasileiros a entoar o verso "Marinheiro Só".

"Hey Jude" foi integrada às previsões obsessivas de Caetano durante o tempo da prisão, considerada por ele como uma das canções "benfazejas", no mesmo período em que "Irene" foi escrita. O último verso cantado por Paul McCartney antes da coda de aproximadamente cinco minutos, em que executa seu improviso vocal sobre o coro de "na-na-na-na-na Hey Jude", é "make it better, better, better, better" que se alonga num grito de "ah". É curioso como a canção de Lennon & McCartney, tão marcante durante a experiência de encarceramento do compositor baiano, emerge em duas outras canções do seu primeiro disco no exílio: na repetição do "better" que se torna o nome da outra irmã de Caetano e na dinâmica de "If You Hold a Stone", que, apesar da alta expressividade de sentimentos relativos ao exílio, é uma canção plena de vitalidade musical e artística, como atesta a interpretação vocal segura de Caetano Veloso. Por sua vez, "Marinheiro

Só" aparece tanto na estrutura de "Irene" (já analisada), como na versão regravada no álbum de 1969, em arranjo tropicalista. A canção retorna agora como a base de "If You Hold a Stone", entoada de modo mais lento e intimista pelo coro na canção.

A obra *Ar e Pedra* (1966), de Lygia Clark, faz parte de uma série chamada *Nostalgia do Corpo*. Segundo Guilherme Wisnik, o trabalho:

> Consiste em segurar um saco plástico inflado de ar, sobre o qual é colocado um seixo que o pressiona e desestabiliza, dando à obra o aspecto de um organismo vivo. Aprofundando a diluição da fronteira entre arte e vida, a obra consuma-se apenas nos momentos únicos e intransferíveis em que cada pessoa a está vivenciando sensorialmente (2005, p.77).

Connie Butler, uma das curadoras da exposição de Lygia Clark *The Abandonment of Art, 1948–1988*, ocorrida no ano de 2004 no Museu de Arte Moderna de Nova York (MoMa), escreveu sobre a obra: "É um tempo em que colegas e amigos de Lygia Clark e pessoas em geral estão sendo encarceradas, estão desaparecendo, onde corpos sob repressão, sob vários tipos de supressão e manipulação, eram parte da experiência das notícias, diárias e do dia a dia" (2004, s/p).

A respeito das canções do exílio de Caetano Veloso, Leonardo Davino escreveu que há algo de "palimpsesto – pergaminho cujos manuscritos foram apagados para dar lugar a outros manuscritos" – nas canções escritas em inglês pelo compositor: "o indivíduo afastado de sua Língua é obrigado a usá-la em conflito com a Língua do lugar onde ele se refugia. O exilado segura uma pedra em brasa nas mãos" (2012, s/p). Com efeito, os versos entoados por Caetano em inglês se encaixam na melodia de "Marinheiro Só" por terem a mesma métrica dos versos originais do samba de roda, cujo título aparece na resposta do coro em português. Se, ao segurar a pedra nas mãos e sentir seu peso, jamais se tardará a compreender, o que a canção acaba por implicar é em lançar a pedra da identidade do exilado de volta ao mar da Bahia, representado pela interpretação ondulante do coro que canta o tradicional samba de roda do Recôncavo. A canção cresce em intensidade emocional, fazendo com que finalmente a língua portuguesa irrompa no canto de Caetano, que cita os versos do samba "Quero Voltar pra Bahia", de Paulo Diniz e Odibar (1970): "Eu não vim aqui para ser feliz / cadê o meu sol dourado / cadê as coisas do meu país", versos esses intercambiados com os de "Marinheiro Só": "Mas eu não sou daqui / cadê meu sol dourado / eu não tenho amor / e cadê as coisas do meu país", até emergirem os versos da primeira estrofe de "Marinheiro Só", entoados pela última vez antes do fim da canção. A voz desaparece antes dos instrumentos, na finalização da faixa em *fade out*.

Depois da intensidade da abertura do lado B, "Shoot Me Dead" segue na mesma linha vibrante, operando como um exercício pop comercial por excelência do álbum de 1971. A canção foi executada nos shows de Caetano Veloso no Royal Festival Hall e na apresentação dos baianos e amigos no *happening* do Festival da Ilha de Wight, ambos ainda em 1970.

A canção é a que mais se assemelha ao que a banda inglesa Traffic fazia naquele momento. A abertura percussiva com os atabaques e o pequeno solo de flauta sobre a base de violão servem de introdução para a voz de Caetano Veloso e a marcação do contrabaixo. A flauta responde aos versos no final de cada estrofe. Ainda compõe a base da instrumentação, um discreto órgão Hammond, cujo som era característico da música inglesa daquele período. Dentre as demais faixas do disco, essa canção é a que apresenta o contrabaixo pulsante, no qual o violão de Caetano Veloso faz uma batida ao estilo de Jorge Ben. No entanto, a estrutura é a do blues de doze compassos (*12 bar blues*), muito usada no pop-inglês daquele momento, apresentando, entretanto, apenas um acorde com sétima, no caso Ré. Composta pela sequência de acordes Ré com sétima, Lá, Mi e novamente Ré com sétima, o violão de Caetano emula a batida do berimbau[32], ao fim de cada estrofe, no acorde de Lá e insere seu canto incidental de "Ô Morena", no meio da letra em inglês, onde tradicionalmente haveria um solo de algum instrumento, nesse tipo de estrutura cancional.

Caetano compôs uma letra com diversas repetições de palavras que conduzem o ritmo da canção, juntamente com sua levada de violão. Especialmente por isso era uma canção propícia aos palcos, pois está centrada no balanço do canto e do violão de Caetano Veloso. A letra também traz os momentos mais animados do disco, apesar dos dois versos de abertura que dão um sentido canhestro ao que parece tentar ser uma canção de amor: "Mate-me ou seja boa, mate-me ou diga que morre por mim". Ele entoa: "Don't waste your time in saying / Don't waste your time in looking for sorrow / I'm as sure of the past as / I'm certain about tomorrow / All I know about you is / All you know about me is misinformation / All we know about death is / All we know about life in the situation"[33] (VELOSO, 1971, faixa 4, lado B).

A morte circunda a letra da canção, que tem conotações existenciais. De qualquer modo, a segunda estrofe

---

32 O conceito de "tópica berimbau" será abordado com mais detalhes na análise de "Triste Bahia". *Grosso modo*, trata-se de um gesto rítmico e melódico do berimbau entre duas alturas pelo intervalo de tom inteiro. Um exemplo bastante conhecido é o do violão de Gilberto Gil em "Domingo no Parque".
33 Não perca seu tempo dizendo / Não perca seu tempo procurando tristeza / Eu tenho tanta certeza do passado / Quanto tenho do futuro / Tudo o que sei sobre você é / Tudo o que você sabe sobre mim é desinformação / Tudo o que sabemos da morte é / Tudo o que sabemos da vida na atual situação.

parece mais animadora, na qual o sujeito da canção aconselha a não perder tempo procurando por tristeza. "Sorrow" é um substantivo usado para designar tristeza pela perda de algo ou de alguém amado. De fato, a melodia e a rítmica da canção convidam à dança, enquanto o sujeito da canção afirma: "eu tenho tanta certeza a respeito do passado quanto tenho do futuro". O que resta é a celebração musical do presente já que tudo o que se sabe é desinformação. O verso "All you know about me is misinformation" desmente o fecho da primeira estrofe – "tudo sempre dito, compreendido e claro de se ver" – pois passa a situar o outro em uma zona de indeterminação, na qual seus olhos não conseguem compreender o sujeito da canção. O tema voltará consolidado na faixa de abertura do álbum seguinte, na qual o sujeito da canção categoricamente enuncia: "You don't know me at all" ("Você não me conhece mesmo"). Porém, em "Shoot Me Dead", ainda permanece a equivalência entre vida e morte nos versos "tudo o que sabemos da morte é tudo que sabemos da vida na atual situação". E a situação atual, sabe-se, era o exílio, no qual Caetano Veloso se dizia morto. Nesse jogo de espelhos, o sujeito da canção enuncia que, enquanto os olhos do outro tentam detectar o sentido em explicações, seus próprios olhos estão cegos para novas expectativas distantes. Fica tudo como está, mas, por ora, a canção convida a morena a celebrar com o corpo, enquanto as coisas permanecem no impasse.

"Shoot Me Dead" pode ter sido um estio sob o céu nublado de *Caetano Veloso* (1971), mas as duas últimas faixas do disco não deixam dúvidas a respeito da atmosfera emocional do álbum. A faixa seguinte, "In the Hot Sun of a Christmas Day", é tão clara e melancólica como os dois únicos banhos de sol tomados por Caetano Veloso na prisão. A canção é mais um exercício de rememoração dos dias próximos ao Natal de 1968, quando o compositor foi preso. Um delicado arranjo para quarteto de cordas e flauta abre a faixa, pontuando aqui e ali as imagens evocadas pelo sujeito da canção. O arranjo é suspenso para que o compositor introduza os dois primeiros versos. Além do violão de Caetano, contrabaixo e percussão entram juntos. A canção é composta pelos acordes de Mi menor, Lá, Dó, Ré, Mi, no qual Caetano faz a marcação similar à batida do berimbau no acorde de Lá, do mesmo modo que na canção anterior. No último verso, o acorde final da sequência é Sol maior, trazendo uma sensação de distensão à melodia.

"They are chasing me / In the hot sun of a Christmas Day / But they won't find me / In the hot sun of a Christmas Day / They are chasing me / In the hot sun of a Christmas Day / But they won't find me / In the hot sun of a Christmas Day"[34], canta Caetano. Na primeira estrofe, o sujeito da canção enuncia que está sendo caçado por "eles", sob o sol quente de um dia de Natal, mas que eles não conseguirão encontrá-lo. Os perseguidores não são nomeados na canção, mas, se a letra for relacionada aos acontecimentos da vida pessoal do autor, correspondem aos agentes da Polícia Federal, a serviço dos militares, que executaram a prisão de Gil e Caetano em 27 de dezembro de 1968. Os versos de abertura têm conexão com os versos finais, nos quais o sujeito da canção menciona a metralhadora sob o sol quente de um dia de Natal. A menção à arma tem função metonímica, condensando todo o episódio do corte de cabelo na prisão, quando Caetano pensou que seria fuzilado:

> O oficial mandou que eu andasse na frente e não olhasse para trás. O grupo, formado pelo oficial e pelo sargento, mais um soldado que apontava sua metralhadora para mim, me conduziu para fora do edifício e, tendo recebido ordem de virar à esquerda, logo me vi ao ar livre [...]. Ainda posso experimentar a sensação que me causava o tom solene que todos eles davam ao que quer que fosse acontecer. Era evidente que não me levavam para um

---

34 Eles estão me perseguindo / Sob o sol quente de um dia de Natal / Mas eles não vão me encontrar / Sob o sol quente de um dia de Natal / Eu ando nas ruas / Sob o sol quente de um dia de Natal.

interrogatório. Era mesmo indubitavelmente perceptível que iam fazer alguma coisa *física* comigo [...]. O corte de cabelo era, para eles, mas não para mim, um assassinato simbólico (VELOSO, 2020, p. 81, 82,84).

O fato de não ter vivido o corte de cabelo como um assassinato simbólico pode ser a explicação para os versos seguintes: "eles mataram outra pessoa, sob o sol quente de um dia de Natal". Porém, como na canção anterior, é interessante notar que está em curso uma tensão entre presença e ausência nas figuras do estar vivo/estar morto e da explicação que não pode ser captada pelos olhos do outro, nas capas de revista, crônicas e canções, que encenam a desaparição de um sujeito cuja apreensão o outro tem como certa (conforme comentado na análise da canção com o sugestivo nome de "Shoot Me Dead").

A segunda estrofe retoma o tema da perambulação, mas aqui não é o sujeito da canção que se coloca à parte das cenas descritas, são os outros que estão cegos, sob o sol quente de um dia de Natal. A terceira estrofe sofre uma modificação harmônica, quando Caetano entoa em falsete que precisa de sua garota. Os acordes se tornam Lá, Mi com sétima, Lá com sétima, Mi e Lá, dando outro matiz à canção, com uma leve inflexão para o blues, o que reforça a melancolia das imagens entoadas. Luiz Tatit conceituou como "passionalização" o prolongamento das vogais no salto executado pela voz, indo de uma região grave em direção a outra aguda, denotando anseio pelo objeto de desejo, como pode ser ouvido no verso "I need my girl, in the hot sun of a Christmas Day". Os versos completos são "I need my girl / in the hot sun of a Christmas day / she seems to love me – less – in the hot sun of a Christmas Day" ("Eu preciso da minha menina / Sob o sol quente de um dia de verão / Parece que ela me ama menos / Sob o sol quente de um dia de verão"). O "less", de fato, é acentuado na canção, denotando não só a solidão do sujeito cancional, mas inserindo a ambiguidade de amar em um primeiro tempo e, no seguinte, amar menos. O ápice da canção ocorre na última estrofe, já analisada, quando Caetano entoa "machine gun" e o quarteto de cordas se espraia pelos dois primeiros versos da parte final. Nos dois últimos versos, o improviso da flauta transversal faz o desenho melódico do arranjo em conjunto com as cordas. A canção termina em *fade out*. Flauta e contrabaixo são os últimos instrumentos a desaparecerem e podem ser ouvidos improvisando no final da canção.

"Asa Branca", escrita por Luiz Gonzaga e Humberto Teixeira em 1947, encerra o álbum de 1971. A canção original teve duas gravações, a primeira em forma de toada – que é a base da versão de Caetano Veloso – e a segunda, na forma de baião. A tristeza inscrita na música não ficava evidenciada na versão mais conhecida, por razões pragmáticas: Luiz Gonzaga animava bailes e a dimensão dramática da letra ficava esquecida. Caetano Veloso percebeu o espectro da entoação e o adequou à letra, que fala da dor pela migração forçada: "Quando olhei a terra ardendo / Com a fogueira de São João / Eu perguntei a Deus do céu, uai / Por que tamanha judiação? (...) Hoje longe muitas léguas / Numa triste solidão / Espero a chuva cair de novo / Pra mim vortar, ir pro meu sertão" (VELOSO, 1974, faixa 5, lado B).

Ao evidenciar essa face latente de canção do exílio, "Asa Branca" torna-se um fecho perfeito para o conjunto de canções que compõem *Caetano Veloso* (1971), sendo também a mais ovacionada nas apresentações do compositor baiano durante o exílio. Além disso, é a única canção no disco cuja letra está integralmente em língua portuguesa. O canto de Caetano Veloso, acompanhado de seu violão, acentua a dramaticidade da interpretação, utilizando a já mencionada vocalização que soa como sílabas mastigadas. Caetano também executa sons percussivos com a boca no final da canção, além de explorar os sons silábicos, como o "ca" e os sons nasais. O efeito dramático é obtido por meio da voz, que ora funciona a serviço do canto, ora se comporta como um instrumento, lembrando tanto o canto plangente dos repentistas nordestinos como o som produzido pelo abrir e fechar do fole da sanfona a executar a famosa frase melódica descendente de "Asa Branca" que intermedeia as estrofes da canção. Leonardo Davino salienta que:

> As canções explicitam, na voz de Caetano Veloso, não apenas o estado singular dos sujeitos cancionais, mas também do artista, do indivíduo. Os movimentos vocais de Caetano inflamam aquilo que as letras dizem e as melodias sugerem. A quase não-voz é entoada para que a conexão com o seu lugar – perdido com o exílio – se mantenha (2018, s/p).

Os versos "Hoje longe muitas léguas / numa triste solidão / espero a chuva cair de novo / pra mim vortar / ir pro meu sertão" e "Eu te asseguro não chore não / viu que eu voltarei, viu, meu coração" têm seu sentido amplificado ao encerrar o álbum que congrega um conjunto de canções que tematizam o exílio.

Composto no segundo semestre de 1970 e lançado no primeiro semestre de 1971, o álbum *Caetano Veloso* (1971) foi gravado nos estúdios Chappell's, com produção de Ralph Mace e do produtor estadunidense Lou Reizner, radicado em Londres desde 1966, com experiência nas gravadoras Philips e Mercury. As fotografias de Johnny

Clamp para a capa do LP assinada pela *designer* Linda Glover, do estúdio Design Machine, mostram o rosto de Caetano Veloso em primeiro plano, envolto num casaco de peles. De barba e cabelos compridos, o semblante abatido do compositor encara as lentes do fotógrafo, com um olhar triste, porém firme. Ao fundo, o céu azul e o verde dos parques londrinos. As cores frias da capa potencializam a percepção do inverno londrino, além de condensarem a atmosfera de tristeza e silêncio que permeia as canções do álbum.

Ao contrário das imagens da revista *Fatos & Fotos* do ano anterior, os efeitos do exílio no estado emocional de Caetano Veloso são visíveis nas marcas de expressão em seu rosto enlutado, que parecem anunciar a pungência do conjunto de canções encartadas pelo pacote gráfico. A foto em preto e branco da contracapa utiliza um enquadramento de plano geral dentro de outro enquadramento, no qual Caetano Veloso pode ser visto ao longe, por entre as grades retorcidas de um portão de ferro, sentado aos pés de um monumento enorme, cabisbaixo, vestido com seu casaco de pele. A imagem remete novamente o observador ao "Assum Preto", de Luiz Gonzaga e Humberto Teixeira, o pássaro de canto triste que "veve solto, mas num pode avuá".

As notas em inglês no encarte do disco apresentam Caetano Veloso como um *"superstar"* no Brasil, que adotou

Londres como seu lar, no verão de 1969. Nenhuma menção ao fato de que ele era um exilado político. Informam que as canções do álbum funcionam como um espelho de duas vias, que focam as memórias da terra natal e dos amigos ausentes ao passo que refletem sua reação a um novo, mas amigável ambiente. Advertem, ainda, do risco que os escritores correm de perder a alma ao escreverem num novo idioma. Quanto a isso, Caetano não correu perigo algum, afinal, deixou gravado no disco, em inglês e português, a dor que sofria na pele e na alma. Por essa razão, o artista frisou sua opinião sobre o álbum de 1971: "Até hoje esse disco me desagrada por lembrar-me demais minha depressão e minhas limitações pessoais" (VELOSO, 2017, p. 447). Apesar disso, é importante ressaltar que o resultado estético foi um disco pessoal, no qual o compositor gravou o próprio violão pela primeira vez e exercitou a escrita de canções num idioma estrangeiro, explorando novos sentidos para tudo que vivera no último ano. E apesar da tristeza, Caetano estava produtivo e elaborando seu luto. As experimentações estéticas iniciadas pelo compositor em "Maria Bethânia" podem ser reconhecidas em canções como "Triste Bahia", do álbum seguinte; assim como as explorações vocais, cujo ápice formal em *Caetano Veloso* (1971) está em "Asa Branca," foram desenvolvidas em trabalhos realizados quando do retorno ao Brasil, como no álbum *Araçá Azul* (1973) e na trilha sonora de *São Bernardo*, adaptação do romance homônimo de Graciliano Ramos, dirigida por Leon Hirszman em 1972.

Caetano Veloso contou um pouco sobre o processo de composição em inglês, em entrevista para esta pesquisa:

> Fui fazendo "A Little More Blue", "London, London", "Maria Bethânia" etc. como faço a maioria das minhas canções em português: achando pedaços de frases cantadas e desenvolvendo a melodia antes de completar a letra. Claro que essas frases, na maioria dos casos, eram achadas dentro de um assunto sobre o qual eu queria escrever uma canção.

De todo o modo, no festival da Ilha de Wight daquele ano, realizado entre os dias 26 e 30 de agosto de 1970, Caetano Veloso, Gilberto Gil, Gal Costa – em sua segunda visita aos compositores baianos –, além de alguns músicos de sua banda de apoio, A Bolha – o baixista Arnaldo Brandão, o guitarrista Pedro Lima e o baterista Gustavo Schroeter –, se apresentaram sob o nome de Brazilian Group. Dentre as canções do *setlist*, constavam "Shoot Me Dead", de Caetano, e "Aquele Abraço", de Gil. Caetano contou um pouco mais sobre isso na mesma entrevista supracitada:

No ano seguinte foi Hendrix quem fechou. E nós estávamos na área "vip", onde só ficavam a equipe que filmava (com um carrinho de *travelling*) e os participantes do festival. Nós, inesperadamente, passamos a ser dessa segunda categoria: Cláudio Prado falava inglês como um inglês, estávamos numa tenda enorme, éramos muitos. Maioria de brasileiros, inclusive Gal, que tinha ido a Londres nos visitar, tendo ao lado o belo baixista Arnaldo Brandão. Havia uma amiga argentina e uma pequena turma francesa. Uma era artista e tinha uma roupa-instalação-performance. O fato é que alguém ligado à produção do festival nos viu/ouviu e falou com Cláudio Prado para a gente se apresentar na tarde seguinte. Fomos. Há filmagem disso. Os franceses com uma saia gigante de plástico vermelho de onde saíam as várias partes de cima do vestido coletivo – no fim do último número cantado (Gil cantou, Gal cantou, eu cantei...).

No final daquele ano, Maria Bethânia informou ao irmão que tinha conseguido uma autorização especial das autoridades militares para que ele pudesse visitar o Brasil, por ocasião da comemoração dos quarenta anos de casados de seus pais. Com o álbum quase pronto, Caetano Veloso pausou o processo de finalização do disco e visitou a família no início de janeiro de 1971.

A primeira visita ao Brasil e o reencontro com os militares

Caetano Veloso desembarcou no Rio de Janeiro no dia 6 de janeiro de 1971. Assim que desceu as escadas do avião, o compositor foi separado de sua esposa, Dedé Gadelha, por três militares à paisana que o levaram para um apartamento na avenida Presidente Vargas, onde ocorreu um interrogatório de seis horas de duração. O episódio é narrado em *Verdade Tropical* por Caetano Veloso, que diz ter sentido medo e angústia. Em meio a ameaças, os militares queriam que ele escrevesse uma música que servisse de propaganda da Transamazônica, questionaram sobre sua relação com Violeta Arraes Gervaiseau e impuseram condições para seu período de permanência no país. Caetano deveria seguir imediatamente para Salvador e lá permanecer, poderia conceder entrevistas, se solicitado, mas apenas por escrito e com aprovação prévia dos agentes responsáveis por sua vigilância durante sua estadia no país. Dessa vez, exigiram que ele não cortasse o cabelo, nem raspasse a barba.

Sobre isso, o artista comenta que os militares temiam que qualquer mudança na aparência do compositor pudesse parecer obra deles (VELOSO, 2017, p. 444). Além disso, Caetano Veloso deveria comparecer a dois programas de televisão, o de Chacrinha e o *Som Livre Exportação*. Percebe-se que os militares queriam dar a impressão de que nada demais estava acontecendo entre eles e o compositor. De fato, Caetano se apresentou no *Som Livre Exportação*, acompanhado de Maria Bethânia, e ainda cantou o samba "Adeus Batucada" (Sinval Silva), naquela que seria sua primeira apresentação na televisão brasileira tocando violão: "justamente com um samba em que a grande exilada da música popular brasileira dizia que ia embora chorando, mas com o coração sorrindo" (ibid., p. 446).

Caetano Veloso retornou a Londres no dia 7 de fevereiro de 1971, apavorado pelo que passou no reencontro com os militares, julgando que ainda levaria muitos anos até que pudesse voltar ao Brasil, sem chances até mesmo de visitar novamente o país. Contudo, rever os amigos teve um efeito emocional positivo sobre o compositor, que voltou mais animado, disposto a olhar para Londres com olhos mais generosos para o que a cidade poderia lhe oferecer de bom: "raspei a barba e deixei de me sentir sempre triste" (VELOSO, 2017, p. 448).

De volta ao trabalho, o compositor finalizou o álbum *Caetano Veloso* (1971), que teve a produção assumida integralmente por Ralph Mace, e começou a pensar no próximo projeto.

CAPÍTULO 3

IT'S A LONG WAY: o longo caminho de volta ao Brasil em *Transa* (1972)

"Um grupo que tocasse a partir do meu próprio modo de tocar violão"

Após a experiência de gravação em Londres, Caetano Veloso passou a ter mais confiança em suas habilidades como violonista. Embora tenha gostado da experiência musical com a banda inglesa, o compositor gostaria de ter tido um pouco mais de tempo trabalhando com os músicos, para só depois entrarem em estúdio (VELOSO, 1971, p. 3). Por isso, seu desejo naquele momento era o de montar "um grupo que tocasse a partir do meu próprio modo de tocar violão" (id., 2017, p. 447).

Para a nova banda, Caetano Veloso convidou Jards Macalé, que residia no Rio de Janeiro e vinha trabalhando com Gal Costa desde 1970, para fazer a direção musical e tocar violões e guitarra; os bateristas e percussionistas Tutti Moreno e Áureo de Sousa, que já moravam em Londres; e Moacyr Albuquerque, irmão do arranjador Perinho, para trazer "um contrabaixo baiano" para a banda (ibid., p. 447). Jards Macalé falou sobre a "transa" do álbum:

> Nós chegamos lá no outono, tínhamos calma para fazer o trabalho [...]. A gente nem tinha material para trabalhar. Era tudo improvisado: Caetano com o violão dele e eu com o meu, para sustentar harmonicamente o dele. Houve uma grande transa. E não só no sentido musical, que ficou mais apurado, mas – mais que isso – houve a transa de se tocar com Gil, Áureo, com Tutti e assim por diante (COHN; JOST, 2008, p. 111).

Como diretor artístico, coube a Macalé a função de "limpar as canções em seus arranjos finais, dar a forma adequada às ideias do cantor, sempre com um trabalho de banda" (COELHO, 2020, p.250).

Em "Desbunde – Pequeno dicionário do underground", capítulo do *Almanaque Anos 70*, de Ana Maria Bahiana, a autora define transar/transação como sinônimo de "fazer". "A expressão não tinha a conotação estritamente sexual de hoje e era muito usada para significar qualquer projeto – 'Os Novos Baianos estão transando uma nova comunidade em Jacarepaguá' – ou relacionamento – 'Caetano anda transando com João Gilberto uns agitos musicais'" (BAHIANA, 2006, p. 82).

De fato, o título do álbum comporta uma riqueza semântica equivalente à multiplicidade de elementos que são articulados no corpo de canções que o compõem. São evocados o transe engendrado pelo conjunto de "canções-rituais que fundem composições inéditas a uma miríade de outros cantos, como sambas de roda, temas de capoeira, cânticos de igreja, atravessados por ritmos diversos como baião, afoxé, reggae, blues-folk e rock n'roll" (WISNIK, 2005, 34); além de "qualquer forma de transação, de comércio, de troca, de diálogo, de conquista, mas que acaba reverberando o nome da rodovia Transamazônica" (JULIÃO, 2018, p. 19), para a qual os militares queriam que Caetano Veloso compusesse uma canção-propaganda.

O bairro londrino de Notting Hill é outro elemento importante na história de *Transa*. A região é o reduto dos jamaicanos em Londres e a cena local da música reggae começava a despontar, naquele momento, com mais força no panorama musical da cidade. O segundo álbum londrino de Caetano congrega os elementos musicais do ambiente da cidade, a influência do grupo The Beatles, a música do guitarrista Jimi Hendrix e o reggae jamaicano, mas também diversos gêneros de música negra como o blues e o samba, somados a elementos de improvisação musical do jazz e outras formas musicais afrodiaspóricas. Além disso, João Gilberto é influência onipresente no violão de Caetano Veloso.

Assim, *Transa* nasceu do trabalho coletivo de uma banda composta por músicos brasileiros em Londres. Os ensaios no espaço cultural Art's Lab deixaram o grupo pronto para gravar o disco ao vivo no estúdio, o que, com efeito, foi realizado entre duas e quatro sessões: "entreguei a direção musical a Macalé, que era um violonista de verdade, mas o que criamos juntos em nossos ensaios no Art's Lab só poderia ser para um trabalho meu" (VELOSO, 2017, p. 448). A somatória desses fatores confere tamanha fluência e frescor a *Transa* que o álbum de fato soa como uma *jam session* – sessão de livre improvisação dos músicos, muito comum no jazz. Caetano canta e toca violão com cordas de nylon, deixando livre o violão de Jards Macalé para conduzir a banda na composição de arranjos, que são absolutamente orgânicos nas canções, produzindo um álbum pulsante, cheio de nuances e, sobretudo, sem a tristeza que caracterizou o trabalho anterior: "pensei que eu estivesse ainda meio deprê por estar exilado. No ano seguinte, com Macalé, Moacyr Albuquerque, Tutti Moreno e Áureo de Sousa, melhorei. E fiz *Transa*" (entrevista concedida especialmente para esta pesquisa).

As canções de *Transa* (1972)

O segundo disco de Caetano Veloso gravado no exílio começa de maneira marcadamente distinta do álbum anterior. Primeiramente, o violão de Caetano faz a marcação dos acordes de Ré com sétima e nona e Sol na base da composição. A bateria introduz o violão solo de Jards Macalé, que passeia pela canção, delineando as frases do arranjo musical que dialoga com o contrabaixo. A atmosfera da introdução e dos versos é de relaxamento, conduzida pela interpretação vocal segura de Caetano Veloso em inglês: "You don't know me / Bet you'll never get to know me / You don't know me at all / Feel so lonely / The world is spinning round slowly / There's nothing you can show me / From behind the wall"[35] (VELOSO, 1972, faixa 1, lado A).

O sujeito da canção afirma que quem o ouve cantar não o conhece e que ele pode apostar como esse conhecimento jamais chegará a acontecer. Ele diz se sentir sozinho e, enquanto o mundo gira lentamente, não há nada que o outro possa mostrar a ele por trás do muro. Embora haja um muro entre o sujeito e o outro, as afirmações denotam a segurança de quem tem contorno definido e

---

[35] Você não me conhece / Aposto que nunca vai me conhecer / Você não me conhece mesmo / Me sinto tão sozinho / O mundo gira devagar / Não há nada que você possa me mostrar / Por trás do muro.

sabe de si, demarcando, assim, o limite de sua diferença em relação ao outro que nada sabe. A canção, por sua vez, se encarrega de fornecer mais elementos que mostram como o sujeito cancional se mantém encoberto. O sentir-se só nessa composição é bem distinto de quando o sujeito cancional vagava "lonely in London, London", porque aquela solidão era fruto da tensão entre pertencer e não pertencer a uma situação não escolhida, optando-se pela indistinção do não-lugar. Há a repetição de um verso na sequência, que por sua vez é uma subtração do anterior, "There's nothing you can show me from behind the wall", transformado em "show me from behind the wall", tornando-se um refrão imperativo "mostre-me por trás do muro", sobre os acordes de Si menor e Mi, com a banda aumentando a intensidade da *performance* até conduzir a canção a uma pausa, por meio da execução de três acordes ascendentes consecutivos (Sol, Sol sustenido, Lá). Tal efeito é característico do estilo do guitarrista Jimi Hendrix[36] e funciona como uma interrogação que pausa a canção, para retomar os versos desde o início, até o retorno ao refrão, executado com ainda maior intensidade.

---

36 Um bom exemplo do uso desse tipo de passagem com três acordes ascendentes para acentuar algum detalhe da composição é a canção "The Wind Cries Mary", de Hendrix.

A partir do verso "não há nada que você possa me mostrar por trás do muro" ("There's nothing you can show me from behind the wall") que se torna o imperativo "mostre-me por trás do muro" ("Show me from behind the wall") entoado reiteradamente e com intensidade crescente, parece ocorrer um curto-circuito na canção. A exortação é enunciada pelo sujeito da canção ou pela voz do outro no lugar do público? Pois quem responde, de trás do muro, é o sujeito da canção por meio da citação de versos de outras canções: "C'mon an' show me from behind the wall / Show me from behind the wall / C'mon and show me from behind the wall / Why don't you show me from behind the wall"[37] (ibid., id.).

A primeira delas é "Maria Moita", de Vinicius de Moraes e Carlos Lyra, composta para a peça teatral *Pobre Menina Rica* (1963) e gravada por Nara Leão no ano seguinte, em seu álbum de estreia na gravadora Elenco, intitulado *Nara*: "Nasci lá na Bahia, de mucama com feitor / O meu pai dormia em cama / Minha mãe no pisador" (ibid., id.).

Em seguida, entoa-se o famoso verso de tradição oral, inserido em "Reza", de Edu Lobo e Ruy Guerra, popularizado pela interpretação de Elis Regina: "Laia, ladaia, sabatana, Ave Maria" (ibid., id.).

---

37 Vamos, me mostre por trás do muro / Por que você não me mostra por trás do muro?

Os violões, novamente, fazem a passagem pelos três acordes ascendentes até a suspensão interrogativa da canção. Em seguida, enquanto Caetano Veloso entoa mais uma vez todos os versos, a banda suaviza a dinâmica da execução ao inserir a percussão marcando o ritmo de bossa nova, ao qual o violão de Caetano também adere. Nesse momento, ocorre uma metacitação, na qual Gal Costa canta os quatro primeiros versos de "Saudosismo" – canção de Caetano Veloso gravada pela cantora em seu disco solo de estreia *Gal Costa* (1969) – em cima do canto do compositor, criando uma dinâmica de canto e contracanto, em inglês com resposta em português: "You don't know me / Bet you'll never get to know me / Eu, você, nós dois / Já temos um passado, meu amor" (ibid., id.).

Com a nova configuração de versos de "You don't know me", a pergunta se complexifica. Quem não conhece "at all" o sujeito da canção é o público ou a própria música popular brasileira? Afinal, "você não me conhece", mas "já temos um passado, meu amor". As citações e justaposições de versos operam em três níveis de compreensão.

No primeiro, ao citar "Maria Moita", o sujeito da canção declara suas raízes baianas que se estendem até os tempos da escravidão ("Nasci lá na Bahia, de mucama com feitor"), para em seguida inserir outro elemento cultural desse universo, o catolicismo popular nos versos de "Reza": "Laia, ladaia, sabatana, Ave Maria"[38].

No segundo, Caetano Veloso resgata a tensão entre os tropicalistas e os compositores alinhados à estética do nacional-popular como Edu Lobo e Carlos Lyra. Alinhado aos projetos dos Centros Populares de Cultura da União Nacional dos Estudantes, o nacional-popular se articulava à segunda fase da Bossa Nova que estabeleceria, mais tarde, o campo da canção de protesto. A característica dessas composições era a crítica às desigualdades produzidas pela modernização socioeconômica, por meio da valorização dos saberes das classes populares, na maioria das vezes idealizadas pelos compositores oriundos da classe média (NAPOLITANO, 2017, p.52). A contraposição aos tropicalistas se dava no forte rechaço à cultura de massas. Tamanha rivalidade era encenada nos festivais de música da Record, nos programas musicais de televisão, como *O Fino da Bossa*, apresentado por Jair Rodrigues e Elis Regina, e teve seu ápice na passeata contra as guitarras elétricas, ocorrida em São Paulo no dia 17 de julho de 1967, que visou afirmar os valores nacionais da música popular. Apenas Caetano Velo-

---

[38] Esses elementos de formação sociocultural da Bahia retornam em "Triste Bahia", fechando a tríade afirmativa dos sujeitos cancionais no lado A de *Transa*: o retorno renovado em "You Don't Know Me", a afirmação do renascimento em "Nine Out of Ten", o papel das culturas da África central na formação da Bahia, terra natal do compositor em "Triste Bahia".

so, Nara Leão e Chico Buarque não participaram do evento, que reuniu Elis Regina e até mesmo um constrangido Gilberto Gil, entre outros. Uma prévia desse debate fora publicada um ano antes na *Revista Civilização Brasileira*, sob o título "Que caminho seguir na música popular brasileira?", no qual Caetano Veloso insere a ideia de linha evolutiva:

> Ora, a música brasileira se moderniza e continua brasileira, à medida que toda informação é aproveitada (e entendida) da vivência e da compreensão da realidade cultural brasileira [...] para isto, nós da música popular devemos partir, creio, da compreensão emotiva e racional do que *foi* a música popular brasileira até agora; devemos criar uma possibilidade seletiva como base de criação. Se temos uma tradição e queremos fazer algo de novo dentro dela, não só teremos de senti-la, mas conhecê-la. E é este conhecimento que vai nos dar a possibilidade de criar algo novo e coerente com ela. Só a retomada da *linha evolutiva* pode nos dar uma organicidade para selecionar e ter julgamento de criação [...] João Gilberto para mim é exatamente o *momento* em que isto aconteceu: a informação da modernidade musical utilizada na recriação, na renovação, no dar um passo à frente da música popular brasileira (VELOSO, Caetano; CAPINAM, José Carlos, LEÃO, Nara, GULLAR, Ferreira, et al. 1966, p.378).

João Gilberto é o compositor evocado em "Saudosismo", canção de 1968, em que Caetano Veloso faz o balanço da década de 1960 e de tudo o que foi aprendido com o mestre bossa-novista, demonstrando, porém, que era preciso deixar de ser saudosista, e seguir adiante, apossando-se criativamente da tradição: "Mas chega de saudade / a realidade é que aprendemos com João / pra sempre ser desafinado". Caetano ainda faz a crítica dos retrocessos tributários do golpe militar no país da Bossa Nova: "eu, você, depois / Quarta-feira de Cinzas no país / e as notas dissonantes se integraram ao som dos imbecis".

Há também um terceiro nível de compreensão que diz respeito à própria construção cancional de "You Don't Know Me". Em "Saudosismo", Caetano revisita uma série de canções da Bossa Nova interpretadas por João Gilberto, sendo a mais evidente, "Fotografia", de Tom Jobim, da qual Caetano toma os versos de abertura "eu, você, nós dois". Além dessa, ainda são citadas "Marcha da Quarta-feira de Cinzas" (Carlos Lyra e Vinicius de Moraes), "Lobo, Bobo" (Carlos Lyra e Ronaldo Bôscoli), "A Felicidade" (Tom Jobim e Vinicius de Moraes), para enfim decretar "Chega de saudade" (Tom Jobim e Vinicius de Moraes). Se em "Fotografia" é a tarde que cai enquanto dois namorados estão à beira-mar, em "Saudosismo" há a descrição do processo de acumulação gerado pela Bossa Nova na figura de João

Gilberto, que, na visão de Caetano, conclamava os compositores a pararem com o passadismo e a darem um passo adiante, a partir daquele estabelecido pelo bossa-novista.

O Tropicalismo foi consequência desse esforço de ir além das convenções musicais, dando continuidade crítica à linha evolutiva, como se pode depreender da declaração de intenções estéticas no excerto do debate sobre os rumos da música popular brasileira em que o jovem Caetano Veloso participara no ano de 1966. "You Don't Know Me" evidencia o procedimento tropicalista do uso de citações e colagens, porém, em outra clave, já que não há mais Rogério Duprat, cujos arranjos conferiam um caráter menos explícito às referências mobilizadas, visto que eram utilizados recursos musicais em vez de expressos em citações nas letras. Em entrevista concedida para este livro, Caetano Veloso comenta:

> É maluquice cantar canções de outros autores, trechos delas, e considerar parte da minha nova composição. Nunca houve reclamação de direitos, nada. O fato é que em "You Don't Know Me" as citações formam a inteireza da peça. Musicalmente. Tematicamente. As citações sendo acolhidas à medida que surgiam na minha memória durante os ensaios. A banda achava (ou eu sugeria, ou o violão de Macao sugeria) jeitos de mexer-se por sob uma canção de Edu Lobo, sob um velho samba de roda, sob Humberto Teixeira.

É possível que em "You Don't Know Me" a própria música popular brasileira desconhecesse o sujeito da canção, uma vez que ele opera um movimento conciliatório, ao incorporar as citações ligadas à estética do nacional-popular. Sobre Elis Regina, a intérprete de "Reza", Caetano comentou numa entrevista:

> Fazendo o segundo disco na Inglaterra, e também fazendo o show, pensei muito nisso, porque a segunda fase da Bossa Nova tem muita coisa assim, expressionista, coisas abandonadas pela Bossa Nova com a revolução *cool* de João, que voltaram nessa fase [...] eu fiquei pensando nisso e, numa das minhas músicas no show eu canto um pedaço de laia-ladaia, do "Reza", de Edu, mas tudo com muito carinho. E ultimamente tô pensando muito em Elis (VELOSO, Caetano; SALOMÃO, Waly. 1977, p. 138).

Nesse sentido, "You Don't Know Me" soa como uma declaração de retorno, misto de balanço e acerto de contas com as ideias delineadas por Caetano Veloso desde 1966, com o conceito de linha evolutiva, passando pelo Tropicalismo até o momento londrino. Assim, o sujeito cancional apresenta na abertura do álbum, do lado de cá do muro, o renovado projeto estético de *Transa*, evidenciado nas letras, nos violões de Caetano Veloso e de Jards Macalé, e também nos arranjos desse último, executados pela banda. E não há nada mesmo que o outro possa mostrar ao sujeito cancional que ele já não saiba. Em termos de rumos da música popular, ele sabe de onde veio e para vai.

A banda aumenta gradativamente a intensidade da execução, até que todos os instrumentos, conduzidos pela bateria, marcam ritmicamente os versos de "A Hora do Adeus", de Luiz Queiroga e Onildo Almeida, gravada por Luiz Gonzaga no álbum *Oia Eu Aqui de Novo* (1967): "Eu agradeço, ao povo brasileiro / Norte, Centro, Sul inteiro / Onde reinou o baião".

Se, na canção original, o rei do baião afirma sua realeza ao declarar que vai se aposentar, na canção de Caetano Veloso o sentido tem efeito inverso, já que o sujeito cancional se apresenta renovado, desconhecido para o outro e que não se deixará captar de maneira cristalizada. Com efeito, Luiz Tatit observa as características de Caetano Veloso como cancionista:

> Caetano salta de um extremo a outro revertendo toda expectativa em torno de sua obra e obedecendo unicamente aos impulsos internos de criação. Não há qualquer padrão de gênero, estilo, letra ou musicalidade que resista por muito tempo em sua produção, como se todas as formas fossem o mínimo indispensável para se expressar em

canção. De outra parte, como se a canção fosse a extensão mais bem acabada das oscilações do mundo subjetivo e só com essas mantivesse compromisso (2012, p. 263).

Depois de assegurar em "Asa Branca", última faixa de *Caetano Veloso* (1971), que voltaria, o sujeito da canção se apresenta em "You Don't Know Me" nesses novos termos, fechando a primeira faixa de *Transa* com a citação de Luiz Gonzaga. É chegada a hora de se afirmar vivo, de uma vez por todas, afastando o espectro da morte com o qual o sujeito cancional se identificara inúmeras vezes no álbum anterior.

A canção "Nine Out of Ten" toma seu título dos antigos comerciais de televisão dos sabonetes Lux, sempre estrelados por grandes atrizes do cinema de Hollywood, cujo *slogan*, "nine out of ten screen stars use lux toilet soap", foi adaptado por Caetano Veloso na canção: "Walk down Portobello Road to the sound of reggae / I am alive / The age of gold, yes the age of / The age of old / The age of gold / The age of music is past"[39] (VELOSO, 1972, faixa 2, lado A).

Caetano inicia a execução ao violão, tocando os acordes que compõem a canção (a saber: Dó com sétima, Si bemol com sétima e Sol) e cantando versos que projetam imagens de

---

[39] Caminho pela Portobello Road ao som do reggae / Estou vivo / A era do ouro, sim a era do / A era do velho / A era do ouro / A era da música é passado.

uma das ruas mais emblemáticas do bairro londrino de Notting Hill, onde Gil e Caetano estavam morando naquele período. Portobello Road conservou traços de viela medieval em seu traçado estreito e sinuoso, onde acontece semanalmente uma tradicional e concorrida feira na qual podem-se encontrar antiguidades, roupas, livros, frutas e afins. A rua congregava a efervescência cultural do bairro marcado pela presença da cultura jamaicana. Assim, o sujeito da canção desce as ruas de Portobello ao som do *reggae* e se sentindo vivo. O sentido contido nos versos "a era do ouro, a era do velho, a era da música é passado" foi comentado por Caetano Veloso, quando se preparava para gravar *Transa* e se dizia impactado pela declaração "o sonho acabou", feita por John Lennon na canção "God", lançada logo após o fim do grupo The Beatles:

> Estou aqui há dois anos, conheço vários conjuntos, tenho visto vários concertos. Mas minha visão é precária. O que eu penso do que está acontecendo agora é que é uma coisa em fim de fase, o negócio já acabou. O verdadeiro comentário sobre isso tudo está na melhor coisa que aconteceu à música pop ultimamente, que é o LP do John Lennon. O LP dele e a entrevista dele na revista *Rolling Stone*. Está tudo na faixa "God" onde ele fala "the dream is over" (VELOSO, 1971, p. 3).

De fato, ao exaltar o reggae na vinheta de abertura e de conclusão da canção, com o contrabaixo de Moacyr Albuquerque e a guitarra de Jards Macalé tocando no ritmo jamaicano, e ao afirmar que "the age of music is past", o sujeito cancional aponta para o verso "the dream is over" da canção "God", que anuncia o início de outra era, na qual Lennon, redivivo como o sujeito cancional de "Nine Out of Ten", seria somente John: "I was the dreamweaver / but now I'm reborn / I was the walrus / but now I'm John" ("Eu era um tecelão de sonhos / Mas eu renasci / Eu era a morsa / Mas agora sou John"). A nova era traria outros sons, personagens e acontecimentos, como a revolução musical iniciada em 1973 pelo álbum *Catch a Fire* de Bob Marley, que projetou o reggae para o mundo todo. E a canção de Caetano prossegue: "I hear they say / Expect the final blast / Walk down Portobello Road to the sound of reggae / I am alive"[40] (VELOSO, 1972, faixa 2, lado A).

As rimas em "walk/talk" e os sons da letra **t** em "them/talk" na divisão rítmica dos versos da canção sobre a base instrumental percussiva conferem movimento às cenas do sujeito cancional que anda por Portobello Road ouvindo a conversa cheia de musicalidade dos jamaicanos que

---

[40] Eu os escuto falando enquanto ando, sim eu os escuto falando / Eu os escuto dizendo / Espere pela pancada final / Ando pela Portobello Road ao som do reggae / Eu estou vivo.

dizem: "espere pela pancada final". Essa musicalidade oral, aliás, está inserida na própria canção, no modo de entoar e escandir os versos, que ressaltam o canto falado/a fala cantada dos jamaicanos. O arranjo de guitarra de Macalé passeia por toda a canção, solando sob a voz de Caetano Veloso de modo a reforçar a pulsação rítmica. Em seguida, o sujeito cancional afirma em português e inglês, também marcando a divisão rítmica na entoação dos versos: "I'm alive and vivo, muito vivo, vivo, vivo / Feel the sound of music banging in my belly, belly, belly / I know that one day I must die / I am alive / I'm alive and vivo muito, vivo, vivo, vivo"[41] (ibid., id.)

A pancada se torna a música dos jamaicanos a ressoar no estômago do sujeito cancional fazendo com que ele se sinta vivo, muito vivo, agora que sabe que um dia morrerá, mas que esse dia definitivamente ainda não chegou. A afirmação da vida é feita por meio da música sentida no corpo, cujos versos são escandidos, e a palavra "vivo," ao ser repetida em frase melódica ascendente, encontra reverberação nos sons de "muito/music/my" e nas aliterações em "banging in my belly" e a rima com "telly". A afirmação é reiterada na repetição dos versos: "I know

---

[41] Eu estou vivo e vivo, muito vivo, vivo, vivo / Ouvindo o som da música batendo no meu estomago / Sei que um dia vou morrer / Estou vivo / Estou vivo e vivo, muito vivo, vivo.

that one day I must die / I'm alive / I'm alive and vivo, muito vivo, vivo, vivo / In the Electric Cinema or on the telly, telly, Telly / Nine out of ten movie stars make me cry / I am alive / And nine out of ten film stars make me cry / I am alive"[42] (ibid., id.).

O sujeito da canção se sente vivo tanto no Electric Cinema, um dos mais antigos cinemas da Grã-Bretanha, situado também em Portobello Road e que era assiduamente frequentado por Caetano, ou assistindo à televisão, passatempo do compositor em Londres. Assim, numa letra evocativa de imagens em movimento, o sujeito da canção enfeixa o universo audiovisual no trocadilho com o *slogan* do sabonete: "nove entre dez artistas de cinema me fazem chorar", afinal, ele está vivo. No final da canção, Caetano chama "Bora Macao" e Macalé executa um solo de guitarra sobre a base pulsante conduzida por percussão, contrabaixo e bateria. Caetano retorna improvisando o verso que nomeia a composição, enquanto a faixa vai entrando em *fade out*, até que a vinheta de abertura, na qual a banda toca reggae, volta para finalizar a canção. Caetano Veloso declarou sobre "Nine Out of Ten": "é a única canção que compus em inglês de que realmente gosto" (VELOSO, 2003, p. 52).

---

[42] Sei que um dia vou morrer / Estou vivo / Estou vivo e vivo, muito vivo, vivo / No cinema Eletric ou na televisão, televisão, televisão / Nove de dez estrelas do cinema me fazem chorar / Eu estou vivo / Nove de dez estrelas do cinema me fazem chorar / Eu estou vivo.

Nela, Caetano Veloso cumpriu a promessa feita na crônica de 14 de janeiro de 1970, na qual se dizia morto, brincava com a suposta morte de Paul McCartney e advertia: "não há motivo para tanta alegria: eu ainda posso ressuscitar. A nossa época é uma época de milagres" (VELOSO, 2005, p. 82). De fato, lidas em conjunto, "You Don't Know Me" e "Nine Out of Ten" falam de um sujeito renovado e renascido, irreconhecível para o público, para a própria MPB e para aqueles que participaram de sua morte simbólica, bem distante do palhaço vaiado e derrotado do show de despedida de 1969.

"Triste Bahia" fecha o lado A do álbum desdobrando as experimentações estéticas iniciadas em "Maria Bethânia" e "Asa Branca", de *Caetano Veloso* (1971). A canção é construída com citações que abrangem de Gregório de Matos à tradição oral da cultura do Recôncavo, que remete à capoeira e ao candomblé de nação Angola, bem como ao afoxé iorubá. Em uma espécie de percurso cultural e inventário afetivo, Caetano Veloso, exilado e ciente de que "o tropicalismo tratou mal da existência da Bahia" (VELOSO, 1977, p. 88), transita pelas heranças portuguesa, angolana e iorubá, substratos de formação da cultura baiana. Antônio Risério em "Uma teoria da cultura baiana" comenta que "Salvador é uma cidade essencialmente luso-banto-sudanesa" (1993, p. 166), na qual "o banto encontra-se difuso e diluído [...] devido à presença mais antiga na região. Mas é detectável no plano lexical – audível em terreiros de candomblé do rito congo-angola e nas composições carnavalescas dos blocos afro" (ibid., p. 168). Risério comenta ainda que isso se deve ao fato de que, até o século XVII, o tráfico de escravos "foi feito sobretudo com a África subequatorial. É o fluxo dos negros bantos (da forma *bantu*, os homens, plural de *mu-ntu*) vindos de Angola (de *ngola*, título do soberano do antigo reino do Ngongo) e do Congo" (ibid., id.). Por isso, é possível "detectar a presença cultural banto nas mais remotas manifestações textuais brasileiras. Podemos rastreá-la, por exemplo, na poesia mestiça e tropical do barroco baiano Gregório de Matos" (ibid., p. 171), que fazia uso de palavras com origem em línguas da família bantu.

Essencialmente percussiva, a instrumentação de "Triste Bahia" é composta pela voz e o violão de cordas de nylon de Caetano Veloso, o contrabaixo de Moacyr Albuquerque, enquanto os demais integrantes da banda tocaram atabaques, berimbau, agogô e pandeiro, em momentos diversos da composição. A canção se inicia com dois toques de berimbau e a voz de Caetano Veloso, *a capella*, saudando os atabaques – como na ladainha de uma roda de capoeira de Angola – com o verso de abertura dos quartetos iniciais de parte do soneto "À Bahia", de Gregório de Matos Guerra: "Triste Bahia! Ó quão dessemelhante", ao que os atabaques respondem em uníssono, junto do berimbau, abrindo a roda para que se inicie a canção. O violão de Caetano Veloso inicia a melodia, com os acordes de Mi com sétima e nona, Ré com sétima e nona, e novamente Mi com sétima e nona, sempre percutindo primeiro a nota mais grave do acorde. Por toda a canção, o violão do compositor e, em alguns momentos, também o contrabaixo realizam a tópica berimbau, que se caracteriza pela emulação, por parte de instrumentos, do gesto rítmico ou melódico do berimbau-de-barriga, alternando entre duas notas especialmente tipificadas pelo intervalo de tom inteiro (SALLES, 2016, p.282 IN RIPKE, 2017, p.317).

O contrabaixo entra na instrumentação e o violão de Caetano passa a executar os acordes de Dó com sétima e nona, Ré com sétima e nona e novamente Dó com sétima e nona, sobre os versos: "Pobre te vejo a ti / Tu a mim, empenhado / Rica te vejo eu / Já tu a mim, abundante" (VELOSO, 1972, faixa 4, lado A).

Ao analisar o soneto de Gregório de Matos, Alfredo Bosi assinala a identificação entre sujeito e objeto, expressada nas reiterações "estás, estou, estado", sobre a qual se assenta o lirismo do texto e por meio da qual as contradições da história social são faladas pela voz do poeta. O eu-lírico do soneto está em simpatia com o tu, da Cidade da Bahia, sendo "triste Bahia" uma expressão exclamativa (BOSI, 1992, p. 95). Bosi frisa ainda que há um contraste entre passado e presente, e é a perda desse "antigo estado" que produz a dissonância temporal entre o antes e o agora, a dessemelhança. Transpondo-se para o contexto histórico de produção da canção, os versos permitem evidenciar, no tempo presente, a mudança de um regime democrático para uma ditadura militar no Brasil, que tem como consequência imediata para o compositor o exílio de sua terra, produzindo a identificação, na tristeza, entre o sujeito cancional e seu objeto.

Caetano Veloso muda o tempo verbal no soneto de "vi" para "vejo", alterando o sentido original do poema. Embora o compositor tenha atribuído esse equívoco ao acaso, o efeito poético é pertinente ao universo da canção:

> Esse poema me impressionava muito. Gozado é que, na edição das obras dele que eu tinha, um verso estava transcrito errado. Em vez de "rica te vi eu já", tinha "Rica te vejo eu já", repetindo o verbo no presente. Gravei com esse erro (que, sem saber que era erro de impressão, me pareceu até rico poeticamente). Me lembro de ter pensado em fazer uma base à moda dos cantos de capoeira – e de sugerir que Tutty tocasse o berimbau em três afinações diferentes, superpondo-os para formar um acorde na abertura. O jeito de tocar ia sendo burilado nos ensaios. A ordem das citações era fixa. Fiquei muito feliz com o

resultado quando a peça foi ficando pronta. A aceleração do andamento aconteceu espontaneamente, e a gente a adotou e frisou. Tudo ficou bonito (VELOSO, 2012, s/p).

A estrutura musical que compõe a canção é repetida durante o segundo quarteto do soneto de Gregório de Matos, com a marcação do berimbau e do contrabaixo que executa a tópica berimbau, enquanto são entoados os versos: "Triste Bahia! Ó quão dessemelhante / A ti trocou-te a máquina mercante / (tocou-te) / Que em tua larga barra tem entrado / A mim foi-me trocando e tem trocado / (vem) / Tanto negócio e tanto negociante" (ibid., id.).

Novamente, os verbos foram substituídos pelo compositor em relação ao poema original, de "trocou-te", no sentido de causar alteração, para "tocou-te a máquina mercante". Desse modo, Caetano evidencia a riqueza da formação cultural da Bahia, invocada na canção por meio do conhecido procedimento tropicalista de "colagem de diversos referenciais históricos que nunca se consolidam numa totalidade coesa [...] escavando as ruínas da história e expondo as fundações africanas da cultura e da sociedade baianas" (DUNN, 2009, p.195). Ao mobilizar elementos que tocaram a Bahia por meio da máquina mercante que adentrou sua larga barra – a lírica de Gregório de Matos e os elementos afrodiaspóricos provenientes da África central, nas expressões da capoeira de Angola e da religiosidade afro-brasileira – , Caetano Veloso constrói um universo de múltiplas temporalidades e espaços na canção. Não só são tensionados o presente e o passado colonial, mas também a experiência do exílio londrino do compositor e a memória de seu Recôncavo natal, convocados para a roda de capoeira que é encenada na canção. Neste sentido, Christopher Dunn aponta que "Triste Bahia", de Caetano, representa o que Robert Stam chamou de "estética do palimpsesto", ou seja, um conjunto em camadas de traços culturais superpostos ou justapostos de diferentes épocas e locais (STAM, 1999, p.61 apud DUNN, 2009, p. 196). Tal aspecto foi destacado também por Leonardo Davino, como já mencionado.

Alguns detalhes na apropriação do soneto feita por Caetano, transformando-o em cantiga de capoeira, são dignos de nota. A alteração de "foi-me" para "vem me trocando" atualiza a transformação operada por essa cultura sobre o compositor, que assim se declara na canção como produto da cultura de seu local de origem, sendo por ela constantemente transformado. Além disso, o verso "Tanto negócio e tanto negociante", que formaram essa configuração cultural, apresenta a dimensão da transa/transação como operação comercial. De fato, "Triste Bahia" estabelece um jogo semântico a partir do nome do álbum, que se complexifica ao longo da canção. Os trânsitos e transações que fundaram a cidade da Bahia vão tomando a forma de um transe musical, por meio das repetições, acelerações e circularidades presentes nos elementos afrodiaspóricos que são articulados na composição e na performance da banda.

A dinâmica da canção se intensifica com a voz de Caetano alongando dramaticamente a palavra "triste", não chegando a completá-la, explorando nuances da performance vocal. O berimbau e o contrabaixo seguem juntos fazendo a marcação rítmica, enquanto um atabaque se insere aqui e ali, comentando a tensão crescente, que prepara a entrada da menção ao Mestre Pastinha na canção, convocado por Caetano para a roda de capoeira musical executada pelos músicos: "Tris... ó quão dessemelhante / Tris... / Pastinha já foi à África / Pastinha já foi à África para mostrar capoeira do Brasil" (VELOSO, 1972, faixa 4, lado A).

Nesse momento, emergem indicações de percursos e deslocamentos geográficos realizados no eixo Portugal-Salvador-Angola por parte das personagens da canção inseridos em temporalidades múltiplas. A imagem historicamente atribuída a Gregório de Matos Guerra é a de um poeta degradado, que teria realizado tamanho périplo. Primeiramente, como procurador da cidade de Salvador junto aos lisboetas, onde defendeu os interesses comerciais do Recôncavo Baiano; mais tarde, como degredado em Angola, pois teria provocado a ira de um parente de Antônio Coutinho, o então governador-geral. Há um jogo de semelhanças em curso na canção, uma vez que o compositor, que se coloca como fruto dessa rica herança cultural, também se encontra exilado por motivos políticos.

Em um percurso inverso, mestre Vicente Ferreira Pastinha (1899-1981), descendente de africanos escravizados, que nasceu e viveu em Salvador, leva a sua capoeira Angola para a África em 1966, quando participou do I Festival de Arte Negra no Senegal. Caetano Veloso se refere a isso no verso supracitado da canção. Em 1969, Mestre Pastinha lançou o LP *Capoeira Angola — Mestre Pastinha e Sua Academia*, cuja segunda faixa:

> É uma sequência de cantos atribuídos ao domínio público ("Eu Já Vivo Enjoado", "Quebra Gereba", "Dona Maria, o Que Vende Aí?" e "Lapinha"). Assim, aparecem em sequência no disco as estrofes de "Pastinha já foi à África" e "Eu já vivo enjoado" (que, na versão de Caetano, aparece como "Eu já vivo tão cansado"). O toque mais lento da capoeira de Angola também é perceptível no arranjo e no canto dessa parte do mosaico (JULIÃO, 2018, p.191).

A dinâmica da canção se acelera com o violão de Caetano Veloso mantendo a execução da tópica do berimbau na mesma sequência base de acordes da canção – Mi com sétima e nona, Ré com sétima e nona e novamente, Mi com sétima e nona – porém percutindo o último acorde duas vezes, a cada sequência, até o fim da música. O berimbau é executado de maneira constante enquanto os seguintes versos são entoados: "Eu já vivo tão cansado / De viver aqui na Terra / Minha mãe, eu vou pra lua / Eu mais a minha mulher / Vamos fazer um ranchinho / Tudo feito de sapê, minha mãe eu vou pra lua / E seja o que Deus quiser" (VELOSO, 1972, faixa 4, lado A).

Caetano Veloso entoa o trecho acima conferindo um tom de lamento à sua interpretação. As metáforas de deslocamento, aqui matizadas pelo sentido de inadequação ao lugar onde o sujeito cancional se encontra, e o desejo de fugir em busca de um lugar próprio para ele e para a mulher levaram Nelson Antônio Rodrigues a chamar essa sequência de "espécie de Pasárgada pessoal do eu-lírico" (2003, p. 60). A canção se acelera gradualmente, intensificando a dinâmica da banda, na qual berimbau, atabaques e agogô discreto, somados à marcação do contrabaixo e do violão de Caetano, aumentam a sensação de circularidade na canção, reforçada pela introdução do canto e contracanto típicos da roda de capoeira de Angola, com sua estrutura de pergunta e resposta, intercaladas pela expressão "camará". Os cantos da cultura oral de capoeira se sobrepõem temática, temporal e geograficamente, aos deslocamentos de Mestre Pastinha e do compositor exilado, como nos dois últimos versos da estrofe: "(...) / O galo cantou, camará / Ê, cocorocô, ê cocorocô, camará / Ê, vamo-nos embora, ê vamo-nos embora camará / Ê, pelo mundo afora, ê pelo mundo afora" (VELOSO, 1972, faixa 4, lado A).

O galo cantou, conclamando que o sujeito cancional vá embora pelo mundo afora. Eis a tristeza de quem canta, a tristeza de quem teve que partir: "Iê, triste Bahia, camará". Nesse ponto da canção, a dinâmica de roda de capoeira de Angola se consolida:

> A roda caracteriza o jogo da capoeira, os angoleiros reúnem-se num círculo fechado [...] na roda, todos fazem parte do coro, com exceção do solista e dos que estão jogando [...] O solista então tira uma canção, a ladainha. A intensidade, o volume do acompanhamento musical, aumenta muito, chegando mais que o dobro da intensidade anterior. Começam a tocar o atabaque, o agogô e o reco-reco, num *ostinato*, contrastando com o acompanhamento variado do coro de vozes" (SOUSA apud Tugny, 2006, p. 253).

O ritmo se intensifica ainda mais quando Caetano Veloso invoca o afoxé no verso que se repete por seis vezes:

"Afoxé leí, leí, leô". Nesse momento, surge o agogô na instrumentação, executando o ritmo do ijexá, uma tópica ligada aos cultos afro-brasileiros. Antônio Risério, em *Carnaval Ijexá,* explicita uma dimensão do afoxé, ligado ao sentido da invocação, da fala que faz acontecer:

> Quanto à expressão 'afoxé', [...], diz Edison Carneiro que Parrinder faz referência a uma certa 'noz de afoxé' – uma noz mágica que os sacerdotes africanos botavam na boca para imantar suas palavras. [...] Mas a melhor explicação que encontrei sobre o assunto foi a de Olabiyi Yai que [...] conseguiu decompor a expressão (o iorubá, para quem não sabe, é uma língua aglutinante, tipo tupi e alemão). Reproduzo: a = prefixo nominal / fo = verbo = pronunciar, dizer / xé = realizar-se, verificar-se. Literalmente traduzida, então, a expressão 'afoxé' significa: a enunciação que faz (alguma coisa) acontecer. Ou, numa tradução mais poética, a fala que faz" (1981, p. 12).

A palavra imantada, a enunciação que faz acontecer, é o que está em jogo na invocação ritmicamente ritualizada dos elementos culturais de formação da Bahia feita por Caetano Veloso, diretamente de seu exílio em Londres. A interação dos músicos, as imagens evocadas e o ritmo vertiginoso da canção transformam a transa em um transe, caracterizado pela circularidade da forma musical e pela repetição da melodia cada vez mais acelerada, inclusive sem chegar a um fim, já que a canção termina em *fade-out*. "Bandeira branca enfiada em pau forte / Bandeira branca enfiada em pau forte / O vapor da cachoeira não navega mais / O vapor da cachoeira não navega mais / O vapor da cachoeira não navega mais no mar" (VELOSO, 1972, faixa 4 lado A).

No verso "O vapor da cachoeira não navega mais no mar", a música se acelera ainda mais, com o pandeiro marcando o tempo forte. Caetano faz menção a uma quadrinha popular sobre o Vapor de Cachoeira, embarcação a vapor inaugurada em 1819 e cuja linha ligava as cidades de Salvador e Cachoeira, no Recôncavo. Índice de modernidade, facilitou a navegação pelos rios do Recôncavo, transportando pessoas e produtos. Destruído em 1823, gerou a célebre cantiga popular, na qual mestres saveiristas realçavam suas embarcações a velas em contraponto ao barco a vapor (RAMOS, 2009, s/p). Esse realce da prevalência do precário sobre o moderno tem ressonância no modo como o Tropicalismo explorou esteticamente a tensão da permanência dos arcaísmos no processo de modernização do Brasil. O verso se relaciona com as demais metáforas de deslocamento que são tecidas na canção: "Triste Recôncavo / (...) / Maria pé no mato é hora / (...) / Arriba a saia e vamo-nos embora / (...) / Pé dentro, pé fora, quem tiver pé pequeno vai embora" (VELOSO, 1972, faixa 4, lado A).

Em aceleração rítmica crescente, os versos aludem ao partir, pôr-se em movimento. Sobre a sequência de colagens de versos da tradição oral da região do Recôncavo, usado como cantos de capoeira, Rafael Julião observa que:

> A qualidade da mistura se comprova, sobretudo, pela dificuldade de determinar o que é de Caetano Veloso e o que é citação e, por vezes, que citação pertence a qual origem (ainda que algumas pausas e mudanças melódicas nos levem a suspeitar dos recortes) (JULIÃO, 2018, p. 193).

A dinâmica se altera, suavizando a percussão e deixando o contrabaixo em primeiro plano, quando Caetano Veloso canta repetidas vezes "Oh, Virgem Mãe puríssima", trecho do "Hino a Nossa Senhora da Purificação", única menção à religiosidade católica da Bahia, elemento presente também na lírica de Gregório de Matos: "Bandeira branca enfiada em pau forte / Bandeira branca enfiada em pau forte / Trago no peito a estrela do norte" (VELOSO, 1972, faixa 4, lado A).

Os versos acima, que são repetidos até o final da canção, são uma citação do "Ponto do Guerreiro Branco", gravado por Maria Bethânia em seu disco homônimo de 1969 e que também se refere ao Nkisi Tempo ou Kitembu, no candomblé de nação Angola, como explicado pelo antropólogo Carlos Eduardo Marques:

> "Bandeira Branca em Pau Forte" é parte de um samba de Umbigada do Recôncavo Baiano. Seguindo Makota Cássia: "A Bandeira é o símbolo de todo Terreiro de Angola [...]. Ela tem que ser bem visível, pois ela é uma referência de identificação do Terreiro. Tipo assim: 'Tá vendo aquela bandeira lá? Então lá é uma comunidade de Terreiro'. E no pé dessa Bandeira ficam vários assentamentos do Santo que o rege, Nkisi Tempo, ou Kitembo". Chamado de Rei da Angola. É o Senhor do tempo. Saudado como Nzara Kitembo – Glória ao Tempo. Em Angola, se diz que nada se faz sem sua autorização. Conhecido também como Nkisi da Gameleira Branca, onde geralmente é feito seu ritual e suas oferendas. Recebeu de Zambi o domínio sobre o tempo e as estações. Segundo alguns mitos, Tempo existe desde o princípio e a tudo assistiu, a tudo resistiu e a tudo resistirá (2016, p. 223).

Caetano Veloso compôs outras canções em que aparece a concepção da circularidade de Tempo, com seus ciclos e estações, como a "Oração ao Tempo". Em "Triste Bahia", a circularidade está presente na construção instrumental da canção, que se desenvolve em aceleração crescente, mobilizando elementos poéticos e musicais do universo da capoeira, até seu ápice, que remete ao transe no culto de candomblé. A citação final do "Ponto do Guerreiro Branco" é o vértice de "Triste Bahia", no qual Caetano, a exemplo de seu álbum anterior, fecha o lado A trazendo a presença de Bethânia, por meio da menção à canção anteriormente gravada por sua irmã.

Tanto "Maria Bethânia" como "Triste Bahia" possuem caráter de experimentação musical, seja na interpretação de Caetano Veloso, seja na presença de repetições e *ostinatos*. Se naquela canção o sujeito cancional desejava em inglês – "wish to know things are getting better" –, transformando o "better" em "beta, Bethânia"; em "Triste Bahia" o sujeito cancional reverbera Gilberto Gil em sua convicção de que a Bahia e sua cultura lhe deram régua e compasso (DAVINO, 2021, s/p). A palavra imantada pela noz de afoxé realiza na canção a crença no senhor Tempo, a "certeza bem tranquila no fundo do coração" (VELOSO, 2017, p. 448) de que voltaria ao Brasil. Caetano revelou que "as citações de canções brasileiras mais antigas me consolavam da falta que sentia do Brasil" (VELOSO, 2015, s/p).

O lado B abre com "It's a Long Way" que, considerada no conjunto das canções de *Transa* já analisadas, se configura como um balanço do caminho musical e pessoal percorrido até aquele momento. A canção toma seu título de

"The Long and Winding Road", do grupo The Beatles, e opera o mesmo tipo de colagem já descrita em "You Don't Know Me". O violão e a voz plangentes de Caetano Veloso iniciam a música, composta dos acordes maiores de Ré, Lá, Sol, Dó, Ré, Lá, Sol, Dó, sobre os quais o cantor, como se cantasse um lamento, entoa alongando o som da vogal "o" na primeira estrofe, partindo de viagem pela estrada longa e sinuosa de Lennon & McCartney: "Woke up this morning / Singing an old, old Beatles song / We're not that strong, my Lord / You know we ain't that Strong"[43] (VELOSO, 1972, faixa 1, lado B).

Curiosamente, pode-se supor pelos versos que a velha canção dos Beatles a que o sujeito cancional se refere seja "Help", de 1965 – gravada por Caetano no álbum *Qualquer Coisa* (1974) – já que "The Long and Winding Road" havia sido recém-lançada, em 1970, naquele que seria o último LP lançado pelo grupo inglês, o álbum *Let It Be*. Sobre a influência beatle, Caetano esclareceu:

> Os Beatles tinham sido essenciais no nascedouro do tropicalismo. O Gil me chamou a atenção para a inventividade do grupo em 1966. Um ano antes, Marília Medalha

---

[43] Acordei essa manhã / Cantando uma velha canção, uma velha canção dos Beatles / Nós não somos tão fortes, meu Deus / Você sabe que não somos tão fortes.

tinha observado que *"Eleanor Rigby"* era uma canção linda. Mas o grupo de Liverpool ainda não era aceito nos meios sérios da MPB. Eu os adorava. Quando chegamos a Londres, *Abbey Road* estava para ser lançado, e o grupo se desfazia (VELOSO, 2012, s/p).

Embora os versos iniciais de Caetano Veloso sejam uma espécie de oração, na qual ele admite a Deus não ser tão forte, a segunda estrofe introduz movimento e ritmo. A partir desse ponto, com a entrada da banda, toda a canção se desenvolve em torno dos acordes de Si menor e Sol menor. A instrumentação é composta de bateria, percussão, o violão solista de Jards Macalé e o contrabaixo. A dinâmica e o ritmo da canção remetem à circularidade já descrita em "Triste Bahia", dando a "It's a Long Way" um caráter de "canção-ritual", como já apontado por Guilherme Wisnik, pois, novamente, Caetano mobiliza um conjunto de citações e reiterações de versos que se fundem em fluxo contínuo, articulando as ideias de passagem e permanência (WISNIK, 2005, p.36).

É justamente no verso "I hear my voice among others" ("Ouço minha voz entre as outras") que as citações são convocadas, pela longa estrada. Caetano alonga e repete o som da palavra "long" para dar a dimensão do caminho: "I hear my voice among others / In the break of day / Hey, brothers / Say, brothers / It's a long, long, long, long way / It's a long way / It's a long, it's a long, long, long (repete)"⁴⁴ (VELOSO, 1972, faixa 1, lado B).

A primeira citação, articulada à do conjunto inglês, vem do universo do baião, com "Sodade Meu Bem, Sodade", de Zé do Norte, "que ficou conhecida como parte da trilha sonora de *O Cangaceiro*, de Lima Barreto, em 1953" (OLIVEIRA; SCHMIDT, 2017, p.131), amalgamando a modernidade do rock inglês ao universo da tradição oral nordestina. Nesse momento, é adicionado um triângulo à instrumentação, muito utilizado como elemento percussivo em gêneros como forró, xote e baião. Nas duas canções, a temática é a do desencanto amoroso e o desejo de junção com o objeto amoroso.

A exemplo do que acontece em "You Don't Know Me", os versos "Arrenego de quem diz / que o nosso amor se acabou / ele agora está mais firme / do que quando começou" portam a ambiguidade de se referir tanto ao público, quanto à própria tradição cancional que é mobilizada na composição e no conjunto de *Transa*. Após a menção explícita ao título da canção do grupo The Beatles, a dinâmica se intensifica até voltar para a próxima citação, na qual o contrabaixo emula a batida do berimbau.

---

44 Eu ouço minha voz entre as outras / No intervalo do dia / Ei, irmãos / Digam, irmãos / É um longo, longo, longo, longo caminho / É um longo caminho / É um longo, longo, longo, longo caminho / É um longo caminho/ É um longo, longo, longo, longo caminho / É um longo, longo, logo caminho / É um longo caminho, é longo.

A citação seguinte é "Água com Areia", de Jair Amorim e Jacobina, gravada por Pery Ribeiro em 1961: "Água com areia brinca na beira do mar / A água passa e a areia fica no lugar / It's a hard, it's a hard / It's a hard, hard long way" (VELOSO, 1972, faixa 1, lado B). No caminho longo e árduo descrito na canção, a citação encena a tensão permanente entre o que passa e o que permanece, as experiências vividas e a transformação que delas decorre. Nesse sentido, os versos de "Consolação", de Baden Powell e Vinicius de Moraes, têm seu significado transmutado de canção de amor para inventário dos afetos mobilizados pelo difícil caminho descrito pelo sujeito cancional: "E se não tivesse o amor / E se não tivesse essa dor / E se não tivesse o sofrer / E se não tivesse o chorar (ah, o amor) / E se não tivesse o amor" (ibid.,id.). Nesse trecho, a voz dobrada de Caetano Veloso faz canto e contracanto para si mesmo, a exemplo da função desempenhada por Gal Costa em "You Don't Know Me", já que uma voz entoa os versos em português, enquanto a outra faz improvisos em inglês com as palavras "long", "hard", "long way". A performance vocal de Caetano produz uma distensão melódica ao alongar as vogais, explorando a região das oitavas mais altas, conferindo dramaticidade à interpretação. "Consolação" mobiliza elementos melódicos, harmônicos e rítmicos que evocam o universo cancional de Dorival Caymmi, explorados por Baden e Vinicius no álbum *Os Afro-sambas* (1966).

Em seguida, há uma citação de "Lagoa do Abaeté", de Caymmi. A assustadora e mortífera lagoa, temida por suas águas escuras, no entanto, está "arrodeada de areia branca". A associação dos versos citados de "Água com Areia" e "Consolação" deixa entrever que, apesar das dores e ameaças vividas no caminho, há algo que resiste. Reiterada inúmeras vezes no final da canção, a areia branca, ao redor da opacidade da Lagoa do Abaeté, funciona como um canto de esperança do eu cancional – há claridade permanente ao redor da escuridão. A palavra "branca" reverbera sua luminosidade com a assonância da vogal "a", repetida a cada vez que o cantor a entoa.

Assim, o sujeito da canção dá testemunho da experiência de travessia, ouvindo a própria voz integrada ao coro de outras vozes cancionais, que, por sua vez, remetem ao universo da tradição oral nordestina e ao cancioneiro que tematiza a Bahia. Caetano Veloso convoca, mais uma vez, a sua terra natal como o elemento que o constitui. Por isso, permanece em tensão com a modernidade britânica da canção do grupo The Beatles – o elemento transitório – que pavimenta a estrada pela qual o sujeito cancional passa, ecoando a experiência do exílio do compositor baiano: "Woke up this morning / Singing an old, old Beatles song / We're not that strong, my Lord / You know we ain't that Strong / I hear my voice among others / In the break of day / Say, brothers / Hey, brothers / It's a long, long, long way / It's a long way"[45] (ibid.,id.). A dinâmica e o efeito de circularidade são interrompidos para que a primeira estrofe retorne finalizando a canção com a afirmação: "It's a long way".

"Mora na Filosofia", segunda faixa do lado B de *Transa*, traz a presença do samba carioca na figura de seu compositor, Monsueto Menezes, que compôs diversos sambas de sucesso na década de 1950, como a "Fonte Secou" e o próprio "Mora na Filosofia" – gravado pela cantora Marlene no Carnaval de 1955. As canções de Monsueto foram resgatadas pela MPB dos anos 1970, com gravações de Maria Bethânia, Caetano Veloso e Milton Nascimento. Sambista melodioso, Monsueto tinha predileção por compor sambas melancólicos em tom menor, característica bastante explorada na versão de Caetano Veloso com arranjos de Jards Macalé. A banda explora as nuances da composição até o limite da improvisação jazzística, valorizando os timbres da voz e dos instrumentos na canção, a fim de conduzir a dinâmica da execução musical, sobretudo no refrão que utiliza a expressão "mora" no sentido de "percebe". O que está

---

45 Acordei essa manhã / Cantando uma velha canção, uma velha canção dos Beatles / Nós não somos tão fortes, meu Deus / Você sabe que nós não somos tão fortes/ Ouço minha voz entre outras / No início de um dia / Digam, irmãos / Ei, irmãos / É um longo, longo, longo caminho / É um longo caminho.

em jogo na versão de Caetano Veloso é a performance, que explora diversos matizes por meio da interação entre a interpretação vocal e a resposta instrumental da banda. Considerando essa composição no conjunto das canções do exílio de Caetano Veloso, "Mora na Filosofia" desenvolve a equação proposta no verso de "Shoot Me Dead", do disco anterior – "Don't waste your time in looking for sorrow" –, uma vez que faz um convite para que se perceba que não há necessidade de rimar amor e dor, embora a dramaticidade da versão de Caetano contradiga isso. Nessa canção de amor, a proposta feita na tentativa canhestra do álbum de 1971 se resolve de modo mais bem-sucedido. "Mora na Filosofia" é a interpretação vocal de maior complexidade em *Transa*, na qual o cantor explora diversos modos de entoar, permeando a letra da canção com intenções expressivas de deboche, ironia, lirismo e agressividade.

Do ponto de vista da harmonia, o arranjo de Jards Macalé se adéqua perfeitamente à proposta do disco, reforçando o caráter de improvisação musical no estúdio e incorporando mais tensão à dinâmica do que nas outras versões gravadas da canção. O contrabaixo é o primeiro instrumento a ser ouvido, marcando a nota Lá como em uma pulsação cardíaca, enquanto o violão de Jards Macalé improvisa, conduzindo a tensão crescente da canção, organizada ao redor do acorde de Lá com sétima, até a entrada da voz de Caetano em *fade in* na palavra "Eu": "Eu... vou lhe dar a decisão / botei na balança... e você não pesou / botei na peneira... e você não passou / Mora, na filosofia... pra que rimar / amor e dor?" (VELOSO, 1972, faixa 2, lado B).

Na última vez em que todos os versos da canção são entoados, a banda acelera a dinâmica, com a adição de percussão e com o protagonismo do contrabaixo como instrumento solo, até silenciar diante do refrão, transformando a canção numa bossa jazz. Caetano passionaliza a entoação, ao interpretar o refrão no limite do falsete até que a banda silencia novamente e apenas o contrabaixo de Moacyr Albuquerque permanece marcando as notas descendentes Sol, Sol bemol, Fá e Mi, sustentando a entoação dos versos "amor e dor", "pra que rimar", com uma interpretação desesperada que põe término à canção justamente na palavra "dor" quando a instrumentação para na nota Sol.

A canção seguinte, "Neolithic Man", inicia com a marcação percussiva e o violão de Caetano Veloso em *fade in*, cuja execução evoca João Gilberto. Ela se estrutura ao redor da pulsação do contrabaixo e do acorde de Sol menor com sétima, com o baixo em Si bemol. "Neolithic Man" é uma canção cujo tema é o silêncio e, não por acaso, se estrutura como uma bossa nova ao modo de João Gilberto, porém às avessas. O músico baiano construiu um estilo de interpretação vocal que prima pela contenção rigorosa, enquanto toda a dinâmica da canção acontece no violão e no modo como esse se relaciona com a voz. Nessa faixa, o violão mantém sempre o padrão de pulsação, ao passo que a voz executa um desenho melódico sinuoso que dá o tom da interpretação dos versos: "I'm the silence that's suddenly heard / after the passing of a car" ("Eu sou o silêncio que repentinamente ouvi / Após a passagem de um carro"). Nas duas primeiras vezes em que o verso é entoado, a banda silencia; na segunda vez, apenas o contrabaixo continua a pulsar. A canção é retomada nos versos "Spaces grow wide about me" ("Espaços crescem ao meu redor"), como se o silêncio da canção tivesse proporção e volume. Os versos e a rítmica da canção exploram a reiteração e a dinâmica entre som e silêncio.

Nesse sentido, é especialmente notável como "Mora na Filosofia" e "Neolithic Man" evidenciam a dimensão da criação coletiva na performance das canções: "I'm the silence that's suddenly heard / After the passing of a car / I'm the silence that's suddenly heard / After the passing of a car, / Spaces grow wide about me / Spaces grow wide about me / If you look from your window at the morning star / You won't see me / You'll only see / That you can't see very far"[46] (VELOSO, 1972, faixa 3, lado B).

---

46 Eu sou o silêncio que de repente ouvi / Após a passagem de um carro / Eu sou o silêncio que de repente ouvi / Após a passagem de um carro /

Ao modo de "You Don't Know Me", "Neolithic Man" explora a temática das possibilidades limitadas do conhecer, do ver e ser visto nos versos: "If you look from your window at the morning star / you won't see me / you'll only see". A repetição de "You Won't see me / You'll only see" cria a homofonia de "You won't see me you lonely (see)", produzindo o sentido variável em português de "você não me verá, você só verá, você verá só", evocando o muro por trás do qual não vemos o sujeito cancional de "You Don't Know Me". Tal repetição se intensifica até que o verso "God spoke to me" muda a dinâmica da canção, cuja instrumentação principal passa a ser violão, contrabaixo e percussão, repetindo a mesma sequência de acordes: "God spoke to me / you're my son / and my eyes swept the horizon / away" ("Deus falou comigo / Você é meu filho / E meus olhos varreram o horizonte / Para longe"). Na palavra "Away", toda a instrumentação passa a marcar ritmicamente os versos "Quem tem vovó, pelanca só / You won't see me / You'll only see" entoados por Caetano Veloso e Gal Costa, até que só resta a marcação rítmica na canção, que termina em *fade out*.

A repetição de "Quem tem vovó, pelanca só" pode ser entendida como índice do prenúncio do retorno de Caetano

---

Espaços crescem ao meu redor / Espaços crescem ao meu redor / Se você olhar da janela para a estrela da manhã / Você não vai me ver / Você só vai ver / Que você não pode ver muito longe.

Veloso do exílio, já que a frase imita o canto de uma ave da Bahia, cujo nome é Sabiá da Mata. Como sabido, Sabiá é uma ave mencionada em outras canções do exílio que exprimem as saudades da terra de origem, sendo as mais conhecidas "A Canção do Exílio", do poeta romântico Gonçalves Dias, e sua reatualização para o cancioneiro popular brasileiro em "Sabiá", de Antônio Carlos Jobim e Chico Buarque, que venceu o Festival Internacional da Canção de 1968, promovido pela Rede Globo de Televisão. A decisão do júri atiçou a fúria e as vaias do público que lotava o ginásio do Maracanãzinho, no Rio de Janeiro, e torcia pela vitória de "Pra Não Dizer Que Não Falei das Flores", de Geraldo Vandré.

A faixa "Nostalgia (That's What Rock 'n' Roll Is All About)", canção que fecha o álbum, é estruturada como um blues (I-IV-V) de doze compassos (*12 bar blues*), com os acordes de Mi, Lá e Ré.

Os versos parecem ironizar os sujeitos cancionais que perambulavam por "London, London" e acordavam melancólicos em "It's a Long Way": "Você canta sobre acordar cedo, mas nunca se levanta antes do meio-dia" ou ainda "Você acredita ser apenas mais uma flor[47] que desabrochou entre tantas outras, você se sente vagamente orgulhoso ao ouvi-

---

[47] O *flower* aqui provavelmente se refere aos hippies do *flower power* londrino, já que o sujeito cancional menciona sua aparência e o modo como se veste para se diferenciar dos caretas.

-los gritar: sua presença não é permitida aqui, caia fora. Mas o rock n'roll é sobre isso". Até mesmo a estrutura da canção é ironizada pelo sujeito cancional: "Você sempre está em lugar nenhum, mas vai perceber logo que tudo aquilo com que você se importa não vale uma canção de doze compassos".

É notável a distensão trazida pela canção, que é executada como um pastiche de blues, com gaita de boca tocada por Ângela Ro Ro e vocalises de Gal Costa, ironizando o não pertencimento do sujeito cancional, que inclusive se orgulha disso. *Transa* termina em clima de festa hippie, com as vozes de Caetano e Gal rindo ao final da canção. O rock n'roll trata da mítica heroica daqueles que não se encaixam e cantam sobre esse descompasso. Em "Nostalgia", o sujeito cancional se coloca como alguém totalmente despreocupado com essas questões, demonstrando até um certo tipo de orgulho em não pertencer, se destituindo de qualquer *pathos*, presente em quase todas as canções analisadas anteriormente: "You believe you're just one more flower / Among so many flowers that sprout / You just feel faintly proud when you hear they shout / Very loud, 'You're not allowed in here, get out' / That's what rock'n'roll is all about"[48] (ibid., id.).

---

[48] Você acredita ser apenas mais uma flor / Dentre tantas outras que brotam / Você apenas se sente levemente orgulhoso quando eles gritam / Muito alto "você não é permitido aqui, cai fora" / O rock'n'roll é isso.

Transa ficou pronto com sua sofisticada capa que era, ao mesmo tempo, "suporte e objeto artístico", conforme analisado por Aïcha Barat:

> O disco *Transa* tem sua capa concebida por Álvaro Guimarães e planejada por Aldo Luiz. Temos aqui um discobjeto tridimensional: são três faces que se desdobram para formar um prisma. A economia da arte – toda em preto, vermelho e prata –, assim como o aspecto geométrico do discobjeto, lembra criações concretas e neoconcretas, como *Os Poemóbiles* (1968), de Augusto de Campos e Julio Plaza González, *Não* (1958), de Ferreira Gullar e até mesmo os bichos de Lygia Clark. Caetano já havia homenageado Lygia com a canção "If You Hold a Stone", uma referência a seus objetos relacionais, no disco anterior. A capa se torna um poliedro de várias faces, as faces internas são estampadas por flechas que contêm fotografias do rosto de Caetano e indicam o sentido correto de montagem do objeto poético, também se lê e a palavra CAI, num jogo com o nome do cantor e com o sentido de orientação da flecha. A superfície plana é desafiada, tornando-se tridimensional (2018, p. 137-138).

O problema da capa é que toda essa sofisticação descuidou de inserir o nome dos músicos no encarte, com os devidos créditos dos arranjos e funções desempenhadas. Um erro grave em se tratando de um trabalho coletivo como foi o álbum. Jards Macalé não teve creditada a sua direção musical, o que foi motivo para que ele se afastasse de Caetano Veloso (COELHO, 2020, p.258). Os devidos créditos só foram corrigidos por Caetano Veloso em 2012, na edição comemorativa dos 40 anos de *Transa* em CD remasterizado em Abbey Road, o lendário estúdio de gravação do grupo The Beatles em Londres, que trazia o encarte original acrescido das correções.

A segunda visita ao Brasil, João Gilberto e a promessa de felicidade no retorno

Durante o processo das gravações, Caetano Veloso e banda chegaram a fazer uma bem-sucedida apresentação no Queen Elizabeth Hall. Um acontecimento, porém, traria novos rumos à vida do compositor baiano. Em agosto de 1971, João Gilberto telefonou a Caetano a fim de convidá-lo para participar da gravação de um programa na TV Tupi, que ainda contaria com a presença de Gal Costa. Amedrontado por tudo que passara na última visita ao Brasil, Caetano contou seus receios a João, que profeticamente lhe assegurava que nada de mal aconteceria a ele ou a Dedé: "Ouça bem, você vai saltar do avião no Rio, todas as pessoas vão sorrir para você. Você vai ver como o Brasil te ama" (VELOSO, 2017, p.449).

De fato, foi com assombro que Caetano Veloso constatou que tudo aconteceu exatamente como João Gilberto havia lhe dito. Ele e Dedé ficaram estupefatos ao desembarcar no Rio de Janeiro, de onde seguiram para São Paulo a fim de encontrar João Gilberto e Gal Costa no estúdio. Sobre o episódio, relatado em *Verdade Tropical* nos seguintes termos – "eu não podia deixar de atribuir valor mágico às suas profecias referentes àquela vinda ao Brasil" (ibid., p. 451) –, Caetano comentou em entrevista concedida para esta pesquisa:

> Em João Gilberto eu acreditava cegamente. Desde sempre. Eu via o quanto ele via do real. Demorou muito para eu relativizar o que quer que fosse em João. Sou muito cético. Mas com João havia a experiência de ele ter sido em si mesmo uma revelação. Não cheguei a sentir medo quando decidi atender o convite de João, obedecer a ele. Mas, realista, tomei as providências possíveis, fui falar com Violeta Arraes em Paris, no aeroporto, numa escala entre o norte da Europa e o Brasil. Ela confirmou que havia possibilidade de a vinda aqui se dar de modo tranquilo. Não que ela tivesse como afirmar ou me assegurar,

mas tinha conversado com Luiz Carlos Barreto, entre outros, e achava que dava, sim, para eu vir gravar com João e Gal. Como tudo se passou como ele disse ao telefone, decidi voltar a Londres apenas para entregar a casa, pegar as roupas e me mudar de volta para minha terra.

Com efeito, para a decepção de Ralph Mace e da gravadora em Londres, após a conclusão da gravação de *Transa*, Caetano Veloso decidiu voltar ao Brasil. O disco nem chegou a ser lançado na Inglaterra, tendo sido enviado pela gravadora para sua sucursal brasileira. Caetano Veloso chegou ao Brasil em 11 de janeiro de 1972, já com show de lançamento do álbum agendado para o dia seguinte, no Teatro João Caetano, no Rio de Janeiro. Em *Verdade Tropical*, Caetano fez um balanço sobre esse momento em que resolveu deixar Londres para retornar ao Brasil: "Eu era todo vontade de retornar para o Brasil. Afinal, esse era o momento de libertação da prisão, momento pelo qual eu tanto esperara e que, a rigor, nunca tinha se dado" (VELOSO, 2017, p. 455).

The End

Na obra fonográfica de Caetano Veloso, compreendida entre 1969 e 1972, é possível identificar diferentes momentos que compõem uma dicção marcada por uma poética do exílio, descrita no arco narrativo do corpo de canções analisadas.

No álbum *Caetano Veloso* (1969), a experiência da prisão e do destino incerto, vivenciado nos quatro meses de confinamento em Salvador imposto pela ditadura militar, é figurada nas canções em metáforas náuticas, que falam sobre apreensões e partidas. O idioma inglês, que já se inscreve nas composições daquele período, funciona como uma prefiguração de despedida, que encontra na imagem do corpo-barco a expressão do esvaziamento subjetivo e da dissociação que o compositor viveu em relação ao próprio corpo na experiência do cárcere.

Em *Caetano Veloso* (1971), o compositor chega, de fato, ao estrangeiro, onde o luto da experiência do exílio, vivido como uma espécie de morte simbólica, será elaborado. As canções tematizam o estado de tensão permanente advindo da inadequação, que faz com que o exilado habite um não-lugar entre o país de origem e a nova cultura adotada no exílio. Como observado por Edward Said:

O exilado vive num estado intermediário, nem todo integrado ao novo lugar, nem totalmente liberto do antigo, cercado de envolvimentos e distanciamentos pela metade; por um lado ele é nostálgico e sentimental, por outro um imitador competente ou um pária clandestino (SAID, 2005, p. 56).

O modo como as línguas portuguesa e inglesa são articuladas nas canções traz a dimensão do palimpsesto, deixando emergir pela emoção aquilo que está inscrito sob as canções, por meio da interpretação vocal de Caetano Veloso, que conduz toda a dinâmica musical ao longo do álbum.

O conflito vivido pelo compositor entre se sentir vivo e morto descreve nas canções um processo de desaparição de sua imagem apreensível pelo outro, para retornar pleno e renovado em *Transa* (1972). Nesse álbum, além do renascimento emocional do compositor, cujos sujeitos cancionais não só se reafirmam vivos em "Nine Out of Ten", mas também brincam com o *pathos* do exílio em "Nostalgia (That's What Rock'n'roll Is All About)", são tematizadas questões relativas a evolução da música popular brasileira recente, na qual o cantor se situa criando um diálogo com a tradição por meio do uso das colagens de citações que tensionam elementos modernos e arcaicos da cultura brasileira, ao modo tropicalista. Nesse sentido, é pertinente a observação de Denise Rollemberg (apud PEZZONIA, 2019, p.10-11): "O exílio (...) oferece um outro lado: a oportunidade do recomeço e da transformação (...) é a possibilidade de renascer – levando a bagagem acumulada –, de construir uma visão ampla de mundo. Alguns dão o salto e adquirem uma autoconfiança inestimável". Além disso, o trabalho da banda brasileira dirigida por Jards Macalé convoca a presença do Brasil nas referências musicais e da cultura baiana, formadora do compositor, evidenciando o caráter crítico de suas canções, que pensam simultaneamente a música popular e a experiência do exílio.

Se *Caetano Veloso* (1969) foi sobre a prisão e a antecipação da partida e *Caetano Veloso* (1971) trouxe a experiência plena do exílio com suas tensões e contradições, *Transa* (1972) foi o momento de renovação que pavimentou o caminho de volta para casa, o que de fato aconteceu após a conclusão de sua gravação em Londres, na virada do ano de 1971 para 1972.

You don't know me at all

Entrevista com Caetano Veloso

Caetano Veloso concedeu a entrevista abaixo, em outubro de 2020, durante a pandemia da covid-19. O documentário *Narciso em Férias* tinha acabado de ser lançado e algumas respostas, como a última, delineiam questões que apareceriam como canções em seu álbum *Meu Coco*.

Realizada por e-mail, essa entrevista foi pensada como "uma obra em si, e não como subsídio empírico para uma teorização posterior" (NAVES, 2007, p.155) como nos ensinou Santuza Cambraia Naves em seu artigo "A entrevista como recurso etnográfico". Com exceção da última pergunta, que procurou colocar em diálogo o contexto histórico abordado nesta pesquisa com as circunstâncias enfrentadas pelo Brasil no final do ano de 2020, as questões enviadas a Caetano Veloso visaram abordar momentos que entendíamos como cruciais de seu processo criativo no desenvolvimento dos álbuns que compõem o *corpus* estudado.

Conforme sublinhado por Naves, procuramos ressaltar o caráter ensaístico da entrevista, que não busca fechar questões, nem atingir verdades definitivas, mas ouvir versões relativas aos acontecimentos e processos abordados nesse texto, sempre mantendo em vista a dimensão de que "os depoimentos individuais têm caráter ficcional" (GONÇALVES, 1996 apud NAVES, 2007, p. 163).

Caetano Veloso **(1969)**

No depoimento gravado para o *Arquivo para uma Obra-acontecimento*, **dirigido por Suely Rolnik em 2005, sobre a obra de Lygia Clark, você revelou que tinha o desejo de gravar um disco experimental antes da prisão, e que** *Araçá Azul* **seria a realização tardia desse desejo. Isso é muito interessante, pois Carlos Calado em** *Tropicália*: *A História de uma Revolução Musical* **afirma que você tinha a ideia de chamar seu segundo disco de** *Boleros e Sifilização*, **para o qual você já teria escrito o poema sonoro "Acrilírico", que viria a ser gravado como uma parceria com Rogério Duprat, cujos arranjos seguiam procedimentos da música de vanguarda tais como os desenvolvidos por John Cage e Karlheinz Stockhausen. Esse seria um caminho que você gostaria de ter explorado mais, se a prisão não tivesse mudado o rumo de tudo?**

Sim. Esbocei uns poemas tipo poesia concreta, ia botar o "Acrilírico" (que era um texto que eu já tinha escrito havia cerca de um ano) e o título do álbum ia mesmo ser *Boleros e Sifilização*. Com a prisão, o confinamento e o exílio, tudo desabou. Gravei "Acrilílrico" com Rogério Duprat. Aliás, foi ele quem sugeriu que distribuíssemos os trechos com amigos meus da Bahia (e ele próprio), em vez de usar minha voz dizendo tudo aquilo sozinho: ele achava enjoado eu falando, ficava por demais parecido com discos de poesia. Fiz como ele sugeriu, mas não achei que isso reforçasse o texto.

Em *Verdade Tropical*, você relata que "Irene" foi composta na prisão e "The Empty Boat", no período seguinte, sem saber ainda do exílio. Com "Os Argonautas" e, por fim, "Alfômega", de Gilberto Gil, temos as quatro canções inéditas que fazem parte de *Caetano Veloso* (1969). Devido às condições da prisão domiciliar, o disco foi gravado no processo inverso do que se costuma fazer, com os instrumentos musicais e arranjos inseridos *a posteriori*, sobre a base de voz e violão que você tinha gravado no estúdio J.S. em Salvador. Pergunto: você chegou a ouvir o disco pronto antes da viagem para o exílio? Conseguiu acompanhar o trabalho desenvolvido por Rogério Duprat, durante as gravações, já que você e Gil não estavam proibidos de receber visitas?

Quando gravamos os discos na J.S., em Salvador, não estávamos mais presos e incomunicáveis. Estávamos no que eles chamavam de "confinamento": não podíamos deixar Salvador e tínhamos de nos apresentar a um coronel, então chefe da PF na Bahia, todos os dias. Isso durou quatro meses. Duprat foi a Salvador e conversamos. Voltou para o Sudeste e lá pôs toda a instrumentação – base e orquestra – num estúdio.

Além das quatro canções inéditas supracitadas, é desse mesmo período "Cinema Olympia", composta para o show de despedida do Brasil. "The Empty Boat" e "Os Argonautas", com suas metáforas náuticas, que alternam imagens de esvaziamento e a necessidade de navegar, parecem intuir que *"the times they are a-changin'"*. **Sobretudo, "Alfomêga", cujo verso "Tanto faz no Sul como no Norte" parece guardar parentesco com "meu caminho pelo mundo eu mesmo traço, que a Bahia já me deu régua e compasso," escritos por Gilberto Gil no momento em que a viagem para o exílio se vislumbra no horizonte. O disco foi gravado em junho de 1969, o show de despedida e a viagem ocorreram no mês seguinte. Como foi produzir tanto nesse curto espaço de tempo, diante da premência de inúmeras mudanças bruscas que vinham acontecendo naquele último semestre?**

Escrevi "Os Argonautas" para Bethânia, a pedido dela, que tinha lido um texto de Fernando Pessoa que citava a frase sobre ser preciso navegar, mas viver, não, onde ele a atribuía aos argonautas (hoje só encontro afirmações de que a frase é romana e não grega). "Empty Boat" (o artigo definido foi posto depois pela cantora americana Chrissie Hynde: eu tinha intenção de que meu inglês fosse "broken", mas não sabia que a ausência desse "the" soava estranha a ouvidos anglófonos) foi escrito ainda em São Paulo, suponho. "Cinema Olympia" é uma referência a um cinema que existiu na Baixa do Sapateiro antes de eu me dar por gente. Creio que a escrevi na Bahia, durante o confinamento. Na altura não pensei em nada que unisse "Os Argonautas" ao "Empty Boat", mas claro que os temas se aproximam. A ideia de exílio só apareceu depois de gravarmos. O coronel disse a Gil que era a única saída. Gil já tinha duas filhas e queixou-se ao coronel de estar havia quase seis meses sem poder trabalhar. Nunca mais ouvi esse disco.

Caetano Veloso (1971)

Joseph Brodsky em *Sobre o Exílio* comenta que: "O exílio nos conduz, da noite para o dia, àquele lugar que normalmente levaríamos uma vida inteira para alcançar." Ainda, sobre a experiência de ser um exilado: "é como ser um homem lançado ao espaço dentro de uma cápsula (...). E a cápsula é a

língua. Para completar a metáfora, acrescente-se que o tripulante não demora muito para descobrir que a cápsula gravita não rumo à Terra, mas rumo ao espaço sideral." (2016, p.34). É impossível não pensar nos *flying saucers* que seus olhos buscavam em "London, London". Nas crônicas que você escreveu para *O Pasquim*, você narra o processo de aprendizagem da nova língua, fala dos Beatles, "a felicidade é uma arma quente," que, por sua vez, se assemelha a "A Ipanemia é uma doença fértil" e provoca ao dizer que ouve Lennon cantar: "Nelson Rodrigues jumps the gun". Mais do que Nelson como a *Mother Superior* na canção, chama atenção a semelhança rítmica entre as frases em português e a original em inglês "Happiness is a warm gun". Como foi o processo de compor um disco em inglês no estrangeiro, habitando essa nova cápsula de que nos fala Brodsky? A homofonia rítmica foi um recurso utilizado por você no início? Você desenvolvia as canções junto ao violão ou delineava primeiro a narrativa das canções?

> Fiquei comovido aqui ao ler as palavras de Brodsky. Essa sensação de estar na cápsula da língua lançado fora do mundo é a essência do exílio. Eu me lembro de o assunto "disco voador" ser muito frequente no Brasil, em muitas conversas, na imprensa, em meio a amigos contraculturais ou sebastianistas – e totalmente ausente em Londres. Entre os ingleses, digo. Esse procurar

discos voadores nos céus era querer estar no Brasil. Eu nem gostava de disco voador, nem de coisas que falassem do que não é desta Terra. Mas a terra era o Brasil. Em Londres eu me sentia em outro planeta. Nunca imaginei viver fora. Perto do fim do primeiro ano de exílio, um produtor musical chamado Ralph Mace apareceu lá na casa onde vivíamos, Dedé e eu, Sandra e Gil, mais Guilherme Araújo. Esse produtor tinha trabalhado na Philips e sabia que estávamos refugiados na cidade. Na Philips ninguém queria nem saber de nós, mas Ralph, que saíra dessa gravadora para trabalhar num selo novo chamado Famous, pertencente à Paramount, ficou curioso. Ele nos pediu para cantar. Claro que eu sabia que Gil impressionaria. Mas de mim eu não esperava nada. Mace, no entanto, gostou igualmente dos dois e pediu canções em inglês. Contei que tinha feito duas, ainda no Brasil, e mostrei "Empty Boat" e "Lost in the Paradise" (aqui o "the" sobra, mas Devendra Banhardt, que às vezes a canta em seus shows, não o retirou). Mace disse que o inglês das duas canções era ainda inaceitável, mas que, vivendo ali, falando com pessoas que não entendiam português, eu chegaria a escrever letras boas. Fui fazendo "A Little More Blue", "London, London", "Maria Bethânia" etc. como faço a maioria das minhas canções em português: achando pedaços de frases cantadas e desenvolvendo a melodia antes de completar a letra. Claro que essas frases, na maioria dos casos, eram achadas dentro de um assunto sobre o qual eu queria escrever uma canção.

Caetano Veloso (1971) é um disco cheio de silêncios, introspectivo e retrospectivo, já que as canções, cada uma a seu modo, cantam a dor da experiência do exílio. Ao mesmo tempo, a Londres de 1969 era onde tudo acontecia: os Beatles, os Rolling Stones, a contracultura, os festivais de música, como os da Ilha de Wight e Glastonbury. Era também por onde passavam os artistas brasileiros fugindo da repressão do regime militar. Como foi para você, como artista e compositor, estar nesse ambiente cultural com Jorge Mautner, Rogério Sganzerla, Júlio Bressane, Hélio Oiticica, Lygia Clark (em Paris), entre outros, e frequentar museus, parques, as exibições de filmes no Electric Cinema?

Eu ia muito ao Electric Cinema e a shows de rock (ou de jazz), tendo ido a dois festivais da Ilha de Wight e a um em Glastonbury. Todos esses brasileiros a quem você se refere foram e são muito importantes em minha vida. Mas eu quase não fui a museus. Só fiz isso perto de voltar. Foi muito bom ir ao British Museum e a Tate Galery. Devo isto em grande parte a Arthur e Maria Helena Guimarães. O primeiro festival em Wight fechou com Dylan de volta aos palcos depois do acidente de moto. Tempo do *Self Portrait*, disco estranho. Ele com voz menos anasalada. Centenas de milhares de pessoas vendo. A gente em pé, um tanto longe. No ano seguinte foi Hendrix quem fechou. E nós estávamos na área "vip", onde só ficavam a equipe que filmava (com um carrinho de *travelling*) e os participantes do festival. Nós, inesperadamente, passamos a ser dessa segunda categoria: Cláudio Prado falava inglês como um inglês, nós estávamos numa tenda enorme, éramos muitos. Maioria de brasileiros, inclusive Gal, que tinha ido a Londres nos visitar, tendo ao lado o belo baixista Arnaldo Brandão. Havia uma amiga argentina e uma pequena turma francesa. Uma era artista e tinha uma roupa-instalação-performance. O fato é que alguém ligado à produção do festival nos viu/ouviu e falou com Cláudio Prado para a gente se apresentar na tarde seguinte. Fomos. Há filmagem disso. Os franceses com uma saia gigante de plástico vermelho de onde saiam as várias partes de cima do vestido coletivo — no fim do último número cantado (Gil cantou, Gal cantou, eu cantei...) os franceses tiravam o vestido. Ganhamos, cada um, um botão dourado que dava direito a assistir a todos os shows junto ao palco, em frente, deitado no chão, de pé ou sentado. Me lembro de ver um show todo ao lado de David Gilmour, comentando com ele, ele bem jovem e bonito à beça. Depois da apresentação de Miles Davis, o apresentador chamou "os compositores brasileiros Gilberto Gil e Caetano Veloso" ao palco, a pedido, segundo ele do trompetista americano. Entendo logo que devia ser Airto Moreira, que tocava percussão com Miles. Gil tinha sumido dali. Com meu botão dourado, fui no *backstage*. Não achei Gil nem Airto. Mas vi Miles na rampa e perguntei a ele pelo percussionista. Ele respondeu com aquela voz sem voz dele: "up there". Airto estava no palco. Mas veio descendo e me apresentou a Miles. Esse me pegou pelos ombros e ficou olhando duro nos meus olhos um longo tempo. Airto ficou pulando em volta. Aí Gil chegou. Hélio Oiticica já estava em Londres quando chegamos. Tinha havido uma exposição dele e o grupo que a organizara (assim como o crítico de arte do *Times* que acompanhou a carreira da exposição) ia muito em nossa casa de Chelsea. Hélio esteve conosco já no dia da nossa chegada. Ao lado de duas moças inglesas ligadas à galeria, saiu de ônibus com a gente. Depois ele se mudou para Sussex. A gente ia ao sul da Inglaterra vê-lo. Ele sempre tinha conversas fascinantes. Mautner chegou de Nova York. Grande encontro. Conversas mais extensas. Profecias. Comentários inesperados. Com e sem ironia, passei a chamá-lo de mestre. Rogério Sganzerla e Julinho Bressane chegaram um pouco depois, com Helena Ignez.

Eu era louco pelo *Bandido da Luz Vermelha* e tinha ficado até mais fascinado ainda por *Matou a Família e Foi ao Cinema*, de Bressane, que Cacá Diegues tinha me levado à cinemateca de Paris para ver. Tinha começado a Copa de 70. Víamos os jogos do Brasil na TV da sala. Depois fui a Paris e encontrei Lygia Clark. Ela era impressionante. Fez uma mesa de chão, de piquenique, com uma garrafa de Coca-Cola vazia tendo uma rosa de plástico enfiada: "Homenagem a vocês, tropicalistas, que são românticos". Ela era "clássica": só trabalhava com os aspectos atemporais das formas. Foi muita coisa maluca e boa nesse tempo. Pensei que eu estive ainda meio deprê por estar exilado. No ano seguinte, com Macalé, Moacyr Albuquerque, Tutti Moreno e Áureo de Souza, melhorei. E fiz *Transa*.

Transa (1972)

Antes de finalizar *Caetano Veloso* (1971) você esteve no Brasil para as bodas de quarenta anos de seus pais e, novamente, teve uma péssima experiência com a repressão. A volta para Londres parece ter trazido alívio e a constatação de que não seria possível retornar tão cedo para o Brasil. Em *Verdade Tropical*, você fala do papel que Ralph Mace desempenhou em te trazer um novo ânimo para fazer música, já na produção

do disco de 1971. **Em que medida essa combinação de fatores contribuiu para sua disposição em fazer um disco a partir de "seu próprio modo de tocar violão", como você mesmo diz em** Verdade Tropical? **E que modo de tocar violão é esse a que você se refere? Na sua percepção, como a banda (Jards Macalé, Tutti Moreno, Áureo de Sousa e Moacir Albuquerque) se articulou em relação ao seu modo de tocar?**

A vinda ao Brasil foi dolorosa. Voltei achando que talvez passasse grande parte da (se não toda) minha vida longe daqui. Mas o encorajamento que Mace e o produtor americano do primeiro disco me deram de tocar violão no estúdio (coisa impensável no Brasil então) me fez ter animação para chamar esses músicos brasileiros (Tutti e Áureo já viviam em Londres) para armarmos uma banda que expandisse meu jeito limitado, mas necessariamente pessoal, de tocar violão e virasse o que veio a ser o disco *Transa*. Moacir era da Bahia. Eu conhecia Macalé desde antes de Bethânia ir para o Rio para o Opinião. Eu ainda não tocava nem para amigos em casa – e Macalé já era exuberante. Havia intimidade. Eu pude levar minhas composições e minhas escolhas até as capacidades desses músicos. Ensaiamos no Art's Lab e fizemos num show no Queen Elizabeth Hall. Depois gravamos o disco em quatro sessões. Foi um ao vivo no estúdio. Gal e Ângela Ro Ro, passando por lá, participaram. Fiquei feliz. Comecei a gostar dos bancos dos parques de Londres. Dos táxis. Os ônibus já tinham me agradado desde o dia da chegada. Mas o resto só vim a amar nesse tempo.

As canções de *Transa* têm grande fluidez. O olhar, antes retrospectivo, no disco anterior, se fixa no agora – "You Don't Know Me", "Woke up this morning singing an old Beatles song, we're not that strong", "I'm alive" – com todos os verbos no presente. É também um disco de rítmica negra, estão lá o samba, a capoeira, o reggae, o blues, numa espécie de ponte Notting Hill Gate – Bahia. Até por ter sido gravado em poucas sessões, há um clima de *live sessions*. Como foi a dinâmica nos ensaios, você levava as canções prontas e vocês criavam juntos os arranjos? Como foi o processo no estúdio? Como foi a experiência de tocar ao vivo com essa banda no Queen Elizabeth Hall e depois no Rio de Janeiro?

Era bem Notting Hill Gate, o reggae nascendo, e a Bahia – em mim, em Moacir, em Tutti – e nos dois outros que são cariocas. Mas você sabe que Lygia Clark dizia que o Rio é o Novo Testamento, mas a Bahia é o Velho, a parte mais longa da Bíblia. Voltar para o Brasil foi um milagre que atribuí a João Gilberto. Tocar no Queen Elizabeth Hall foi excelente. Som comandado pelo garoto Maurice Hughes, acústica perfeita, meus amigos ingleses bem impressionados com a qualidade e Ralph Mace cheio de esperança de ver minha carreira seguir por lá. Mas uns meses depois João ligou. Eu vim e aprendi que já podia viver no Brasil. Fiquei três anos na Bahia, Moreno nasceu, tudo ficou mais vivo. Eu nem sentia que não estava em Londres. Nunca tive saudade de lá. Mace ficou frustrado. Maurice veio fazer o som aqui e vive no Rio até hoje. Como bom inglês, não aparece. Quase nunca o vejo, nem sei onde é sua casa. Estivemos juntos todo o tempo de *Velô*. Então ele voltou a trabalhar comigo. Gostou: era uma pegada mais rock. Mas eu só vinha ao Rio correndo, para fazer os shows. Fiquei três anos na Bahia e não queria saber de outro lugar.

Transa (1972) traz uma novidade em relação aos discos anteriores, que são as canções compostas de diversas citações de letras de outras canções em sua tessitura. Esse é um procedimento muito particular, que vai além da regravação de músicas de outros compositores, ou do diálogo direto como o realizado entre sua canção "Saudosismo" e "Fotografia", de Tom Jobim. Sobre "You Don't Know Me", você diz em *Letra Só* ser a única canção sua que você aceita assim, transcrita com tantas citações. Por quê? Ainda sobre *Transa*, você parece mobilizar um diálogo com toda a tradição moderna da música popular brasileira e não só, porque estão lá também os Beatles,

Gregório de Matos e as canções de tradição oral da Bahia. O que nos leva a "Triste Bahia" e sua estrutura circular, que soa como se tivesse sido gravada durante uma *live session*. Como se deu o processo de composição dessa canção? Alguma parte da letra, sobretudo as que citam canções de tradição oral, surgiu no trabalho instrumental com a banda, ou você já chegou com a letra totalmente pronta?

Nem me lembrava de ter dito isso em *Letra Só*. Mas é maluquice cantar canções de outros autores, trechos delas e considerar parte da minha nova composição. Nunca houve reclamação de direitos, nada. O fato é que, em "You Don't Know Me", as citações formam a inteireza da peça. Musicalmente. Tematicamente. As citações foram sendo acolhidas à medida que surgiam na minha memória durante os ensaios. A banda achava (ou eu sugeria, ou o violão de Macao sugeria) jeitos de mexer-se por sob uma canção de Edu Lobo, sob um velho samba de roda, sob Humberto Teixeira.

Há um paralelismo que chama atenção na leitura de *Verdade Tropical*. Primeiro, o relato, no final de 1968, sobre um amigo de Roberto Pinho ter entrado numa espécie de transe e ter profetizado o que aconteceria no cenário político brasileiro e quais seriam as consequências para você e Gil. A segunda, o modo calmo como João Gilberto praticamente profetizou seu retorno tranquilo ao Brasil. O exílio e a volta ao Brasil parecem enfeixados num contorno profético. Como foi para você ouvir essas duas narrativas? Em algum momento sentiu medo, embora tenha confiado em João Gilberto e tenha de fato embarcado de volta para o Brasil?

Senti algum medo quando Roberto me contou o que Fabrício tinha dito quando possuído. Mas eu não cria muito. E não queria crer em algo que anunciava sofrimento. Fiquei impressionado quando aconteceu. Já em João Gilberto eu acreditava cegamente. Desde sempre. Eu via o quanto ele via do real. Demorou muito para eu relativizar o que quer que fosse em João. Sou muito cético. Mas com João havia a experiência de ele ter sido em si mesmo uma revelação. Não cheguei a sentir medo quando decidi atender o convite de João, obedecer a ele. Mas, realista, tomei as providências possíveis, fui falar com Violeta Arraes em Paris, no aeroporto, numa escala entre o norte da Europa e o Brasil. Ela confirmou que havia possibilidade de a vinda aqui se dar de modo tranquilo. Não que ela tivesse como afirmar ou me assegurar, mas tinha conversado com Luiz Carlos Barreto, entre outros, e achava que dava, sim, para eu vir gravar com João e Gal. Como tudo se passou como ele disse ao telefone, decidi voltar a Londres apenas para entregar a casa, pegar as roupas e me mudar de volta para minha terra.

Caetano, minha pesquisa de mestrado se iniciou exatamente quando você deu essa declaração ao *New York Times*: *"Many people here say they are planning to live abroad if the captain wins. I never wanted to live in any country other than Brazil. And I don't want to now. I was forced into exile once. It won't happen again. I want my music, my presence, to be a permanent resistance to whatever anti-democratic feature may come out of a probable Bolsonaro government."* (*Caetano Veloso – "Dark times are coming for my country"*). Num país cujo passado de violência e autoritarismo não cessa de se repor, é fundamental que olhemos para esse passado de modo que ele possa ser apreendido e modificado no presente. Para José Miguel Wisnik é justamente o movimento tropicalista que realiza diversas elaborações sobre os dilemas brasileiros, fazendo da canção "o lugar em que a ferida se expõe e se reflete com todo o poder explosivo do que ela guarda de recalcado, irresolvido e também de potencialmente afirmativo." Assim, chegamos ao final da pesquisa, com sua *live* no Dia Mundial do Meio Ambiente (05.06.2020), na qual você constrói a metáfora da jabuticaba, para pensarmos a especificidade da questão racial brasileira, no momento em que o mundo todo também se mobiliza para questionar a estrutura racista decorrente do colonialismo e da escravidão, e cujo estopim foi o assassinato de George Floyd nos EUA por um policial em Minneapolis. Você ainda acredita que tempos sombrios nos esperam? Como você vê o mundo e o Brasil nos próximos anos?

Muito difícil de responder sensatamente a uma pergunta dessas. Olho para o mundo e acho que os nós são duros. O progresso que veio com o capitalismo e a revolução industrial, tudo sustentado pelo liberalismo, levou a uma expansão da riqueza nunca antes experimentada. E à disparada populacional e à bomba atômica. Os homens sobre a Terra são algo hipertrofiado, parece mostrar-se um agente fatalmente desequilibrador. No entanto, nasci no Brasil, sou mulato e falo português. A projeção dessa aberração exige ambições desmesuradas. Ambições da imaginação. Temos de salvar o mundo. Saber ir além do liberalismo que voltou à moda para reconcentrar a renda. Gosto do professor Agostinho (*Silva*) dizendo que no mundo futuro não haverá casamento, monogamia, família – na medida em que cada uma dessas coisas significa a mutilação da criança simbólica que é venerada na festa do Espírito Santo. Essa luz que se afirma na soltura do prisioneiro é nosso sinal. Isso significa deixar brilharem os orixás africanos, as palavras do Sermão da Montanha, a divinização sem deus do budismo, o amor livre. Um jeito de corpo que o Brasil deve poder dar. Não nos considero essencialmente autoritários. Cresci no Recôncavo pós-senhores de engenho. Toda a gente era preta, mulata, cafuza e os grupos na praça e na igreja eram formados de peles com tonalidades diversas. Muitos hoje são neopentecostais. Acho bonito. Vivo. Não sei o quanto vamos ter de atravessar de dificuldades para chegar aonde é nosso lugar certo. O preço pode ainda ser muito alto. Mas, como diante do convite de João Gilberto, neste momento o medo não é o que me domina, e sim a determinação de conseguir que nos concentremos para fazer o que é nossa missão. O bagulho é doido. Vi (*Marcelo*) D2 ontem à noite na TV, Música Boa; ouvi umas palavras de Mano Brown num *smartphone* sobre um problema concreto essa semana; leio Mangabeira; leio os jornais cheios de coisas ruins; moro no Rio, com esse velho clima de milícias e traficantes; leio Djamila Ribeiro; leio Jones Manoel; ouço Pepe Escobar; vejo Nelson Motta manter-se sempre muito acima do seu único pecado: ter falado mal do show *Cantar*, que dirigi com Gal Costa cantando sob os acordes de João Donato; ouço Yoùn com deslumbramento musical; nunca me esqueço de Gabriel, O Pensador; o sertão volta sempre; sertanejos do centro-sul são afirmação de responsabilidade profissional e técnica, muitos chegam ao coração da coisa: passaram pala Axé music; os nordestinos, esses nunca pararam; ouço Zé Ibarra, na Dônica ou com Milton; ouço Zeca Veloso; ouço Dora Morelenbaum; ouço e penso em Thiago Amud; vou parar de enumerar; vejo filmes antigos, filmes novos; leio Losurdo, releio *O Anticrítico* de Augusto de Campos e leio Bruno Paes Manso; sei que o Brasil tem de atravessar a dificuldade que está em sua fundação e encontrar a grandeza que também está em sua fundação. *A Economia do Conhecimento* difundida. A antropofagia sobre a supervanguarda tecnológica. Inteligência sobre a inteligência artificial. Diante disso, importa pouco que o presidente pareça um brasileiro comum e ignorante, que os centrossulinos estejam hipnotizados por ele, que ainda pensemos que militares medíocres sejam o que mais devemos respeitar (há, houve, haverá militares grandiosos como Rondon), o Brasil Inevitável prescinde de correção de erros tolos. Se conseguirmos evitar que o atual ministro do meio ambiente acabe com o mundo, vamos salvá-lo.

BIBLIOGRAFIA

BAHIANA, Ana Maria. *Almanaque anos 70*. Rio de Janeiro: Ediouro, 2006.

BARAT, Aïcha Agoumi de Figueiredo. *Capas de Disco: Modos de Ler*. Tese (Doutorado em literatura, cultura e contemporaneidade). Departamento de Letras do Centro de Teologia e Ciências Humanas da Pontifícia Universidade Católica do Rio de Janeiro, Rio de Janeiro, 2018.

BASUALDO, Carlos. *Tropicália: Uma Revolução na Cultura Brasileira*. São Paulo: Cosac Naify, 2007.

BOSI, Alfredo. *Dialética da Colonização*. São Paulo: Companhia das Letras, 2013.

BRITTO, Paulo Henriques. "A temática noturna no rock pós-tropicalista". In: NAVES, Santuza Cambraia; DUARTE, Paulo Sérgio (org.). *Do Samba-canção à Tropicália*. Rio de Janeiro: FAPERJ/Relume Dumará, 2003. Disponível em http://tropicalia.com.br/leituras-complementares/a-tematica-noturna-no-rock-pos-tropicalista. Acesso em: 9 ago. 2021.

BRODSKY, Joseph. *Sobre o Exílio*. Belo Horizonte: Ayiné, 2016.

BROWN. Nicholas. "Brecht eu misturo com Caetano: citação, mercado e forma cultural". In: *Revista do Instituto de Estudos Brasileiros*, n. 59, São Paulo, p. 139-150, 2012.

BROWN. Nicholas. "Tropicália, pós-modernismo e a subsunção real do trabalho sob o capital". In: CEVASCO, Maria Elisa,

OHATA, Milton. *Um Crítico na Periferia do Capitalismo: Reflexões sobre a Obra de Roberto Schwarz*. São Paulo: Companhia das Letras, 2008.

BUTLER, Connie. *Lygia Clark: The Abandonment of Art, 1948–1988*. Transcrição de audiodescrição. Disponível em: https://www.moma.org/audio/playlist/181/2396. Acesso em: 29 ago. 2021

CALADO, Carlos. *Tropicália: A História de uma Revolução Musical*. São Paulo: 34, 1997.

CAMPOS. Augusto de. *O Balanço da Bossa e Outras Bossas*. São Paulo: Perspectiva, 1993.

CEVASCO, Maria Elisa. "Modernização à brasileira" In: *Revista do Instituto de Estudos Brasileiros*, n. 59, São Paulo, p. 191-212, 2012.

COELHO, Frederico. *Eu, Brasileiro, Confesso Minha Culpa e Meu Pecado: Cultura Marginal no Brasil das Décadas de 1960 e 1970*. Rio de Janeiro: Civilização Brasileira, 2010.

COELHO, Fred. *Jards Macalé: Eu Só Faço o Que Eu Quero*. Rio de Janeiro: Numa, 2020.

COHN, Sergio; COELHO, Frederico. *Tropicália*. Rio de Janeiro: Azougue, 2012.

COHN, Sergio; JOST, Miguel. *O Bondinho*. Rio de Janeiro: Azougue, 2008.

CORRÊA, José Celso Martinez Corrêa. *Primeiro Ato: Cadernos, Depoimentos, Entrevistas* (1958-1974). São Paulo: 34, 1998.

DINIZ, Sheyla Castro. *Marginais e desbundados: MPB e Contracultura nos Anos de Chumbo*. Tese (Doutorado em Sociologia).

Faculdade de Filosofia e Ciências Humanas, Universidade Estadual de Campinas, Campinas, 2017.

DAVINO, Leonardo. *If You Hold a Stone*. Blog Lendo Canção, 31 maio 2012. Disponível em: http://lendocancao.blogspot.com/2012/05/if-you-hold-stone.html. Acesso em: 29 ago. 2021.

DUNN, Christopher: *Brutalidade Jardim: A Tropicália e o Surgimento da Contracultura Brasileira*. São Paulo: Unesp, 2009.

DRUMMOND, Carlos Eduardo; NOLASCO, Márcio. *Caetano: Uma Biografia*. São Paulo: Seoman, 2017.

ESTEPHAN, Sérgio. "Barra 69: aspectos do espetáculo de despedida de Gilberto Gil e Caetano Veloso rumo ao exílio". In: VALENTINI, Daniel Martins; RAGO FILHO, Antonio (org.). *Estética de Resistência no Pós-1964*. São Paulo: Intermeios, 2017. p. 35-48.

FAVARETTO. Celso. *Tropicália: Alegoria, Alegria*. São Paulo: Kairós, 1979.

FAVARETTO. Celso. "O Tropicalismo e a crítica da canção". *Revista USP*, n. 111, São Paulo, p.117-124, 2016.

GAGNEBIN, Jeanne Marie. *Limiar, Aura e Rememoração: Ensaios sobre Walter Benjamin*. São Paulo: 34, 2014.

GINZBURG, Jaime. *Crítica em Tempos de Violência*. São Paulo: Edusp, 2012.

GONÇALVES. João Carlos. *Traduzir o Tempo: A Construção da Memória nas Canções de Caetano Veloso*. São Paulo: edição do autor, 2017.

HOLLANDA, Heloísa Buarque de. *Impressões de Viagem*: CPC,

Vanguarda e Desbunde, 1960/70. Rio de Janeiro: Rocco, 1992.

JARDIM, Eduardo. *Tudo em Volta Está Deserto*: Encontros com a Música e a Literatura no Tempo da Ditadura. Rio de Janeiro: Bazar do Tempo, 2017.

JULIÃO, Rafael. *Triste Bahia: Caetano Veloso e o Caso Gregório de Matos*. Terceira Margem, Rio de Janeiro, v. 21, n 36, p. 165-178, 2017.

LIMA, Marisa Alvarez. *Marginália*: Arte e Cultura na Idade da Pedrada. Rio de Janeiro: Aeroplano, 2002.

LOBO, Júlio César. "Novas canções do exílio: história, poesia e memória do desterro na obra de Caetano Veloso e Gilberto Gil, 1969-1972". In: *Revista Contemporânea*, Niterói, n. 4, v. 2, p. 1-27, 2013.

MACHADO, Ana Maria. *Tropical Sol da Liberdade*. Rio de Janeiro: Nova Fronteira, 2005.

MAFFEI, Evangelina. *Blog* Caetano en detalle. Disponível em: http://caetanoendetalle.blogspot.com/. Acesso em: 1 ago. 2021.

MAMMI, Lorenzo. *A Fugitiva*: Ensaios sobre Música. São Paulo: Companhia das Letras, 2017.

MARQUES, Carlos Eduardo. "Bandeira branca em pau forte: considerações sobre direitos e a tomada da palavra política em um quilombé urbano em Belo Horizonte". In: Osvaldo Martins de Oliveira. (Org.). *Direitos Quilombolas & Dever de Estado em 25 Anos da Constituição Federal de 1988*. Rio de Janeiro: ABAPublicações, 2016. p. 223-240.

MARSIGLIA, Luciano. "Lanny Gordin: um herói brasileiro da guitarra". In: *Revista Bizz*, ed. 177, n. 4, São Paulo, p. 40-45, 2000.

MELLO, Gláucia B. R. de. "Caetano Veloso. Um estudo de símbolos e mitos". In: *Tecendo Saberes*. Rio de Janeiro: Diadorim, 1994. p.137-157.

MENDONÇA, Carlos Magno Maco, LIMA, Cristiane da Silveira. "Música, experiência e mediação: a canção popular como dispositivo de memória". In: *Contemporânea: Comunicação e Cultura*, v. 10, n. 1, p. 130-146, 2012.

MIYADA, Paulo (org.). *AI-5 50 Anos: Ainda Não Terminou de Acabar*. São Paulo: Instituto Tomie Ohtake, 2019.

NAPOLITANO, Marcos. *1964 – História do Regime Militar Brasileiro*. São Paulo: Contexto, 2015.

NAPOLITANO, Marcos. *Seguindo a Canção: Engajamento Político e Indústria Cultural na MPB (1959-1969)*. São Paulo: Annablume, 2001.

NAPOLITANO, Marcos. *Coração Civil: A Vida Cultural Brasileira sob o Regime Militar (1964-1985) – Ensaio Histórico*. São Paulo: Intermeios, 2017.

NAVES, Santuza Cambraia. *Canção Popular no Brasil*: Leituras do Brasil Através da Música. Rio de Janeiro: Civilização Brasileira, 2010.

NAVES, Santuza Cambraia. *A Canção Brasileira*. Rio de Janeiro: Jorge Zahar, 2015.

NAVES, Santuza Cambraia. "A entrevista como recurso etnográfico". In: *Matraga*, v.14, n.21, p.155-p.164, jul./dez. 2007.

NODARI, Alexandre. "Introdução". In: PENNA, João Camillo. *O Tropo Tropicalista*. Rio de Janeiro: Azougue, 2017. p. 9-19.

OLIVEIRA, Allan de Paula; SCHMIDT, João Pedro. "Ó quão

dessemelhante? Dialogismo e campo musical no LP *Transa*, de Caetano Veloso". In: *Revista Eletrônica da ANPPOM*. v .24, n. 2, p. 119-139, 2018.

ORTIZ, Renato. *A Moderna Tradição Brasileira*: *Cultura Brasileira e Indústria Cultural*. São Paulo: Brasiliense, 1989.

OTTAVIANO, Marcos. *Guitarra blues*: *Do Tradicional ao Moderno*. São Paulo: Melody, 2011.

PENNA, João Camillo. *O Tropo Tropicalista*. Rio de Janeiro: Azougue, 2017.

PESSOA, Fernando. *Livro do Desassossego*. São Paulo: Companhia das Letras, 2011.

PEZZONIA, Rodrigo. "MPB exilada: Chico, Gil e Caetano entre exílio e retorno". In: *Anais do XXX Simpósio Nacional da Anpuh*, Recife, p. 1-18, 2019. Disponível em: https://www.snh2019.anpuh.org/resources/anais/8/1553111013_ARQUIVO_PEZZONIA_ANPUH_2019.pdf. Acesso em: 9 ago. 2021.

PEZZONIA, Rodrigo. *Omissão um Tanto Forçada*: *Exílio e Retorno em Gilberto Gil, Caetano Veloso e Chico Buarque*. São Paulo: Alameda, 2021.

PIRES, Carlos. *Frio Tropical*: *Tropicalismo e Canção Popular*. São Paulo: Alameda, 2017.

PROENÇA. Manuel Cavalcanti. *Literatura Popular em Verso*: *Antologia*. Belo Horizonte: Itatiaia, 1986.

RAMOS, Ricardo. *Vapor de Cachoeira, 190 Anos*. Disponível em: https://jeitobaiano.wordpress.com/2009/10/04/vapor-de-cachoeira-190-anos/. Acesso em: 1 ago. 2021.

REIS FILHO, Daniel Aarão. *Ditadura e Democracia no Brasil*. Rio de Janeiro: Jorge Zahar, 2014.

RIDENTI, Marcelo. *Em Busca do Povo Brasileiro: Artistas da Revolução, do CPC à Era da TV*. São Paulo: Unesp, 2014.

RIDENTI, Marcelo. "Artistas e intelectuais no Brasil pós-1960". In: *Tempo Social*, v. 17, n. 1, São Paulo, p. 81-110, 2004.

RIPKE, Juliana. "Berimbau e canto de xangô: tópicas afro-brasileiras e a invenção de tradições na música brasileira". In: *Anais do 4° Encontro Internacional de Teoria e Análise Musical*. São Paulo: Escola de Comunicação e Artes, Universidade de São Paulo, 2017, p. 313-323.

RISÉRIO, Antônio. *Caymmi: Uma Utopia de Lugar*. São Paulo: Perspectiva, 1993.

RISÉRIO, Antônio. *Carnaval Ijexá*. Salvador: Corrupio, 1981.

RODRIGUES, Nelson Antônio Dutra. *Os Estilos Literários e Letras de Música Popular Brasileira*. São Paulo: Arte e Ciência, 2003.

ROLLEMBERG, Denise. "Esquecimento de memórias". In: MARTINS FILHO, João Roberto (org.). *O Golpe de 1964 e o Regime Militar*. São Carlos: Ufscar, 2006. p. 81-91.

ROLLEMBERG, Denise. "Nômades, sedentários e metamorfoses: trajetórias de vidas no exílio". In: REIS, Daniel Aarão; RIDENTI, Marcelo; MOTTA, Rodrigo Patto Sá Motta (org.). *O Golpe e a Ditadura Militar 40 Anos Depois (1964-2004)*. Bauru: Edusc, 2004. p. 277-296.

SAID, Edward. *Reflexões Sobre o Exílio e Outros Ensaios*. São Paulo: Companhia das Letras, 2005.

SANTIAGO, Silviano. "Caetano Veloso enquanto superastro

(1972)". In: *Uma Literatura nos Trópicos*. São Paulo: Perspectiva, 1978. p.123-166.

SARLO, Beatriz. *Tempo Passado: Cultura da Memória e Guinada Subjetiva*. São Paulo: Companhia das Letras. Belo Horizonte: UFMG, 2007.

SCHWARZ, Roberto. "Cultura e Política 1964-1969: alguns esquemas". In: *O Pai de Família e Outros Ensaios*. São Paulo: Companhia das Letras, 2008. p. 70-111.

SCHWARZ, Roberto "A importação do romance e suas contradições em Alencar". In: *Ao Vencedor as Batatas: Forma Literária e Processo Social nos Inícios do Romance Brasileiro*. São Paulo: 34; Duas Cidades, 2008. p. 33-82.

SCHWARZ, Roberto. "Verdade tropical: um percurso de nosso tempo". In: *Martinha Versus Lucrécia*. São Paulo: Companhia das Letras, 1987. p. 52-110.

SECCHIN, Antônio Carlos. *Caetano Veloso: Londres e São Paulo*. Rio de Janeiro: Academia Brasileira de Letras, 2018. Disponível em: https://www.academia.org.br/academicos/antonio-carlos-secchin/conferencia-caetano-veloso-londres-e-sao-paulo. Acesso em: 29 ago. 2021.

SEVERIANO, Jairo, MELLO, Zuza Homem de. *A Canção no Tempo: 85 Anos de Músicas Brasileiras*. V. 1: 1901-1957. São Paulo: 34, 1998.

SEVERIANO, Jairo, MELLO, Zuza Homem de. *A Canção no Tempo: 85 Anos de Músicas Brasileiras*. V. 2: 1958-1985. São Paulo: 34, 1998.

SILVA, Agostinho. *Comunidade Luso-brasileira e Outros Ensaios*. Brasília: Fundação Alexandre de Gusmão, 2009.

SOUZA, Tárik de. *Mpbambas: Histórias e Memórias da Canção Brasileira*. São Paulo: Kuarup. 2017.

SOVIK, Liv. "Caetano Veloso enquanto objeto de pesquisa". In: ROLLEMBERG, Vera (org.). *Seminários de Carnaval II*. Salvador: Pró-Reitoria de Extensão; Edufba, 1999. p. 27-35.

SOVIK, Liv. "Política e cultura, 1967-2012: a durabilidade interpretativa da tropicália". In: *Cadernos de Estudos Culturais*, v. 4. Cuiabá, p. 111-122, 2012.

SÜSSEKIND, Flora. "Coro, contrário, massa: a experiência tropicalista e o Brasil de fins dos anos 60". In: BASUALDO, Carlos (org.). *Tropicália: Uma Revolução na Cultura Brasileira*. São Paulo: Cosac Naify, 2007. p.31-56.

TATIT, Luiz. *O Século da Canção*. Cotia: Ateliê, 2004.

TATIT, Luiz. *O Cancionista: Composição de Canções no Brasil*. São Paulo: Edusp. 2012.

TINHORÃO, José Ramos. *Pequena História da Música Popular: Segundo Seus Gêneros*. São Paulo: 34, 2013.

TUGNY, Rosângela Pereira de, QUEIRÓZ, Ruben Caixeta de. *Músicas Africanas e Indígenas no Brasil*. Belo Horizonte: UFMG, 2006.

VELOSO, Caetano. *Letra Só*. São Paulo: Companhia das Letras, 2003.

VELOSO, Caetano; SALOMÃO, Waly. *Alegria, Alegria*. Rio de Janeiro: Pedra Q Ronca, 1977.

VELOSO, Caetano. *Narciso em Férias*. São Paulo: Companhia das Letras, 2020.

VELOSO, Caetano; FERRAZ, Eucanaã. *O Mundo Não É Chato*.

São Paulo: Companhia das Letras, 2005.

VELOSO, Caetano. *Verdade Tropical. Edição de 20 anos, revista e ampliada*. São Paulo: Companhia das Letras, 2017.

VELOSO, Caetano. *Verdade Tropical*. São Paulo: Companhia das Letras, 1997.

VELOSO, Caetano; CAPINAM, José Carlos, LEÃO, Nara, GULLAR, Ferreira et al. "Que caminho seguir na música popular brasileira". In: *Revista Civilização Brasileira*, Rio de Janeiro, p. 375-385, 1966.

VELOSO, Caetano. *Tantas Canções*. Rio de Janeiro: Universal music, 2002.

VELOSO, Caetano. "O sonho acabou." Entrevista a Oriel do Valle. *Veja*, São Paulo, p. 3-5, 23 jun. 1971.

VELOSO, Caetano. "Dark times are coming for my country". *The New York Times*, 27 out. 2018. Disponível em: https://www.nytimes.com/2018/10/24/opinion/caetano-veloso-brazil-bolsonaro.html. Acesso em: 29 ago. 2021.

VELOSO, Caetano. "A obra de Caetano". Entrevista a Márcia Cezimbra. *Jornal do Brasil*, Rio de Janeiro, p. 4-5, 16 maio 1991.

VELOSO, Caetano. "Caetano fala sobre *Transa*". *Zero Hora*, 24 jun. 2012. Disponível em: http://zh.clicrbs.com.br/rs/entretenimento/noticia/2012/06/caetano-veloso-fala-sobre-transa-3800240.html. Acesso em 01 ago. 2021.

VENTURA, Zuenir. "Impasses da criação: 1971-1973". In: GASPARI, Elio; HOLLANDA, Heloisa Buarque de; VENTURA, Zuenir. *70/80 Cultura em Trânsito: Da Repressão à Abertura*. Rio de Janeiro: Aeroplano, 2000. p.40-85.

VIDAL, Paloma. *A História em Seus Restos: Literatura e Exílio no Cone Sul*. São Paulo: Annablume, 2004.

VÁRIOS AUTORES. *Monsueto. Nova História da Música Popular Brasileira*. São Paulo: Abril, 1970.

WISNIK, José Miguel. *Sem Receita*. São Paulo: Publifolha, 2004.

WISNIK, José Miguel. "Letras, músicas e acordes cifrados". In: CHEDIAK, Almir (org.). *Songbook Caetano Veloso – Volume 2*. Rio de Janeiro: Lumiar, 2009. p. 9-16.

WISNIK, José Miguel. *O Som e o Sentido: Uma Outra História das Músicas*. São Paulo: Companhia das Letras, 2014.

WISNIK, Guilherme. *Folha Explica Caetano Veloso*. São Paulo: Publifolha, 2005.

DISCOGRAFIA

COSTA, Gal. *Gal Costa*. Phonogram/Polygram, 1969.

COSTA, Gal. *Gal Costa (Tuareg)*. Phonogram/Polygram, 1969.

COSTA, Gal. *Fa-tal – Gal a todo Vapor*. Phonogram/Polygram, 1971.

PASTINHA, Vicente. *Capoeira Angola — Mestre Pastinha e sua Academia*. Philips, 1969.

VÁRIOS ARTISTAS. *Tropicália ou Panis et Circencis*. Phonogram/Polygram, 1968.

VELOSO, Caetano. *Caetano Veloso*. Phonogram/Polygram, 1969.

VELOSO, Caetano. *Caetano Veloso*. Phonogram/Polygram, 1971.

VELOSO, Caetano. *Transa*. Phonogram/Polygram, 1972.

VELOSO, Caetano; GIL, Gilberto. *Barra 69*. Pirata, 1972.

VELOSO, Caetano. *Velô*. Polygram, 1984.

VELOSO, Caetano. *Certeza da Beleza*. Universal, 2002.

VELOSO, Caetano. *Abraçaço*. Universal, 2012.

FONTES AUDIOVISUAIS

Canções do Exílio: A Labareda Que Lambeu Tudo. Direção: Geneton Moraes Neto. Rio de Janeiro: Canal Brasil; Multipress Digital, 2010. 1 DVD, 95 min.

Conversa com Bial. 3ª temporada, em 04 set.2020. Apresentação: Pedro Bial. Direção: Maria Pia Baffa, Gian Carlo Bellotti, Mônica Almeida. São Paulo: Rede Globo de Televisão. Disponível em: https://globoplay.globo.com/v/8833147/. Acesso em: 8 ago. 2021.

Narciso em Férias. Direção de Renato Terra e Ricardo Calil. Rio de Janeiro: Globo Filmes, 2020. 1 DVD, 84 min. Disponível em: https://globoplay.globo.com/v/8836951/. Acesso em: 9 ago. 2021.

Tropicália. Direção: Marcelo Machado. São Paulo: Imagem Filmes; Bossa Nova Films, 2012. 1 DVD, 87 min.

Arquivo para uma Obra em Acontecimento. Direção: Suely Rolnik. São Paulo: Sesc-SP; Cinemateca Brasileira. 2005. 1 DVD, 117 min.

PODCASTS

VIEIRA, Renato. O produtor da Tropicália: Renato Vieira entrevista Manoel Barenbein. Episódio 2 – Caetano Veloso. 62 min. Produzido por Discoteca Básica, 2021. Disponível em *Spotify*.

VIEIRA, Renato. O produtor da Tropicália: Renato Vieira entrevista Manoel Barenbein. Episódio 9 – João Gilberto, Caetano Veloso e Gal Costa. 40 min. Produzido por Discoteca Básica, 2021 Disponível em *Spotify*.

APOIO CULTURAL

weplay music·tv

Viver é Show!

São Paulo / SP

+55 11 99934-9199

www.weplaymusic.tv.br

Facebook, Instagram, TikTok, YouTube, LinkedIn: @weplaymusictv

FG CIDADANIA ITALIANA

Excelência em cidadania italiana por via judicial

São Paulo (SP)

Contato: (11) 93318-7273 e (11) 95436-5700

www.fgcidadania.com.br

Instagram.com/fgcidadaniaitaliana

Facebook.com/fgcidadania

GRV

GRV 25 anos: a companhia musical que te escuta

Brasília (DF)

Contato: +55 (61) 98209-0055 e grv@grv.art.br

www.grv.art.br

Instagram.com/grvproducoes

....

BOCA CULTURAL

Restaurante, bar e casa de shows em Santa Cecília

São Paulo / SP

+55 (11) 91448-7708

www.bocacultural.com.br

Instagam.com/bocaculturalsp

APOIO CULTURAL

**Experiências inesquecíveis
na escola mais completa
do Showbusiness**

São Paulo (SP)

Contato: +55 (11) 98690-0125

www.onstagelab.com.br

Linktr.ee/onstageexp

Loja de discos e livros na Galeria Nova Barão
Rua Sete de Abril 154 / Loja 21, São Paulo
Contato: + 55 (11) 99207-9995 e (11) 96166-8664
www.casadamiadiscos.com.br
www.madeinquebradadiscos.com.br

Uma organização a serviço do livro

São Paulo / SP

+55 (11) 3289-0811

www.cataventobr.com.br

Instagram.com/catavento.livros

Facebook.com/catavento.livros

Linkedin.com/company/
cataventodistribuidoradelivros

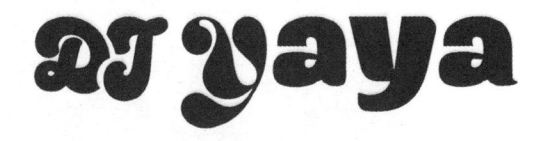

Catavento Distribuidora

....

DJ yaya

DJ Yaya (Yasmin Lisboa): O Brasil nas pistas

Rio de Janeiro / RJ

Contato: +55 (21) 98637-7633

Instagram.com/yasminlisboa

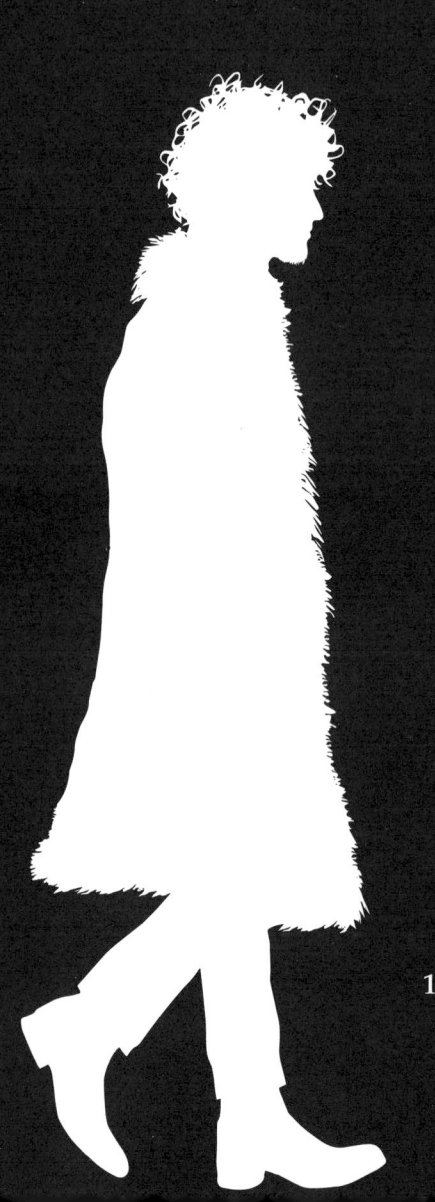

Esta obra foi composta
em Palatino LT Std.
Capa em papel Supremo 250g.
Miolo em papel Hylte
Pocket Creamy LD 70g.
14 cm de largura x 21 cm de altura